孟庆彪 著

建设项目全过程管理

高效沟通
+
冲突管理
+
文化建设

化学工业出版社

·北京·

本书以沟通为视角，从建设项目的确立过程开始，详细讲解了在项目建设各个阶段、各个方面的管理，对项目中的冲突管理、团队建设、文化建设等与沟通相关的现今业内热点议题，也进行了详尽论述，同时，对建设项目过程中常会遇到、常会产生的沟通问题进行了深入、全面的分析，并提出了解决思路。内容包括：项目的确立，项目的管理策划与持续改进，项目管理信息系统和项目信息门户，招投标、合同谈判、合同执行中的沟通管理，各项目部、各总部之间的沟通，项目中的规定、报告、会议和清单，项目中的文件管理，项目管理团队组建和团队建设，项目建设过程中各参建方的日常往来，认清冲突和管好冲突，做好项目组织文化的沟通与建设。

本书不仅可供施工单位、监理单位、工程公司、项目管理公司、房地产开发公司等企业以及建设方中从事工程建设管理的各类、各级人员阅读，也可供高等学校建设项目管理、工程管理、建筑管理等相关专业的师生参考。

图书在版编目（CIP）数据

建设项目全过程管理：高效沟通＋冲突管理＋文化建设/孟庆彪著. —北京：化学工业出版社，2020.4（2024.1重印）
ISBN 978-7-122-36072-4

Ⅰ．①建… Ⅱ．①孟… Ⅲ．①基本建设项目-项目管理 Ⅳ．①F284

中国版本图书馆 CIP 数据核字（2020）第 020865 号

责任编辑：卢萌萌　刘兴春　　文字编辑：林　丹　　美术编辑：王晓宇
责任校对：宋　夏　　　　　　装帧设计：水长流文化

出版发行：化学工业出版社（北京市东城区青年湖南街 13 号　邮政编码 100011）
印　　装：北京虎彩文化传播有限公司
710mm×1000mm　1/16　印张 13¾　字数 207 千字　2024 年 1 月北京第 1 版第 7 次印刷

购书咨询：010-64518888　　　　　　　　　　售后服务：010-64518899
网　　址：http://www.cip.com.cn
凡购买本书，如有缺损质量问题，本社销售中心负责调换。

定　　价：78.00 元　　　　　　　　　　　　　　　　　版权所有　违者必究

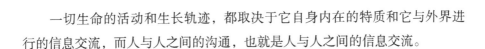

前 言

一切生命的活动和生长轨迹,都取决于它自身内在的特质和它与外界进行的信息交流,而人与人之间的沟通,也就是人与人之间的信息交流。

项目作为为创造独特的产品、服务或成果而进行的临时性工作,具有更强的系统性,各方面、各类事相互间也具有更紧密的关联,这就要求在项目内部以及项目内外之间要有更密切的沟通。作为多则数万人、少则也要数十人分工合作才能完成的建设项目,则需要更为密切的、更有成效的沟通,唯此,才能使项目获得成功。

本书以沟通为视角,从建设项目的确立过程开始,论述并阐释了在项目建设各个阶段、各个方面的管理。对于项目中的冲突管理、团队建设、文化建设、持续改进等与沟通相关的现今业内热点议题也进行了详尽论述。同时,对建设项目过程中常会遇到的沟通问题进行了深入、全面的分析,并提出了解决思路。

本书内容来自建设项目的实践,也来自对建设项目全过程管理的深入思考。当然,思考的基础既有项目管理、沟通管理的理论,也有建设项目的实践,而思考所得也都应用于实践之中。正因如此,本书既适合从事建设项目管理的各类、各级人员使用,也适合与建设项目相关专业的教研人员和在校学生使用。

本书共 11 章，第 1 章讲的是项目的确立，即项目正式启动前的决策过程；第 2 章讲的是项目的管理策划和持续改进；第 3 章讲的是项目管理信息系统和项目信息门户；第 4 章讲的是招投标、合同谈判、合同执行中的沟通管理；第 5 章讲的是各项目部、各总部之间的沟通；第 6 章、第 7 章分别讲了项目中的项目规定、报告、会议、清单和文件管理；第 8 章讲了如何组建好项目管理团队，如何搞好团队建设；第 9 章讲的是项目建设过程中各参建方相互的日常往来；第 10 章讲的是冲突管理；第 11 章讲的是与项目中组织文化相关的沟通。

第 1 章项目的确立。本章讲了两个过程，一个是从项目孕育到提出项目倡议的过程，一个是可行性研究的过程，指明了为较好完成这两个过程需要的主要信息，并阐明了在收集、使用这些信息时，如何避免受到噪声或主观的影响。本章也阐明了做可行性研究的组织或个人与委托人之间应如何进行沟通，以使可行性研究尽可能客观、科学，并使委托人能做出最佳决策。

第 2 章项目的管理策划和持续改进。为做好策划，首先要充分汲取经验，本章就此讲述了如何对这些经验信息进行甄别以及使用时如何做到"因地制宜"。同时，也讲述了在项目策划过程中，为保证管理的全局性和统一性，也为使每个方面的管理都能获得应有的资源、权力和灵活性，项目负责人和各单方面负责人应如何进行有效的沟通。鉴于策划本就属于持续改进中的计划活动，策划与改进紧密关联，因此，将持续改进内容也放入本章，并指明了它与总结、与信息间的关系。

第 3 章项目管理信息系统和项目信息门户。论述了项目组织机构的设置和运行如何决定了项目管理信息系统（PMIS），讲述了项目管理信息系统应具有的几种必要特质，也讲述了我们在构建项目信息门户（PIP）时，针对目前普遍存在的问题，应满足的几项要求。

第 4 章招投标、合同谈判、合同执行中的沟通管理。在本章中从合同角度将建设项目划分成三个阶段，并按这三个阶段，分别从建设方、与之相对的另一方以及作为特定一方监理的角度讲述了各自不同的目的和信息需求以及这些需求如何获得满足。

第 5 章各项目部、各总部之间的沟通。在本章中，从组织的角度将建设项目中的沟通关系分成五类，并按照它们各自的沟通内容和沟通特点逐一讲述了如何做好相应的沟通。

第 6 章项目中的规定、报告、会议和清单。建设方用规定明确各方面的流程、程序，并用规定来规范各参建方的建设行为；报告、会议则是建设项目中最常见的两种沟通方式；清单是对繁杂的项目事项进行有效沟通，进而对它们进行有效管理的一种常见工具。本章对这四项内容讲述了如何通过有针对性的沟通管理使它们发挥出应有作用。

第 7 章项目中的文件管理。讲的是项目文件的对外收发、内部发放和查阅，对其中的电子文件进行了重点讲述。鉴于在大型项目或 EPC 模式下的工程中，纸质文件代签行为较为普遍，本章对此进行了专门分析，提出了代签应满足的条件。本章还对现实中各类项目资料的真实程度进行了细致辨识，并就交工资料的必要性提出了自己的看法。

第 8 章项目管理团队组建和团队建设。鉴于项目管理团队的各岗位的办公地点是组建项目管理团队首先要考虑的事项，本章首先分析了异地办公、分散办公、集中办公三种办公对内部沟通的不同影响，就此阐明了作为一个项目负责人，应如何给不同的岗位选定适当的办公方式。除此，本章还讲述了组建管理团队时如何做好与总部的沟通以及如何做好团队建设。

第 9 章项目建设过程中各参建方的日常往来。本章有四个与沟通紧密相关的议题，就初期印象，从供方❶和建设方两个角度提出了需要着重做好的三点；就信息真实、维护利益、获得信任三者间存在的冲突，强调了"讲道德"

---

❶ 在本书中，"供方"泛指与建设方具有合同关系的承包商、材料、设备供应商以及向建设方提供服务或提供技术的项目参建方。

这一基本原则；就监理与其他各方的往来，分析了"先礼后兵"和"先兵后礼"在沟通上的技巧；就建设项目中的"日久生情"，提出了应当坚守的四项原则。

第10章认清冲突和管好冲突。在本章中，将建设项目中产生冲突的根源分成七大类，并对此进行了深入、全面的分析，给出了具体的应对、处理措施。

第11章做好项目组织文化的沟通与建设。讲述了如何利用沟通的力量破除小圈子的封闭性、消解内部小团伙，指出了阿谀和谗言在建设项目中的体现和危害，并就如何避免被其所惑或所误给出了应对之策，阐明了在项目沟通中兼听和开放的必要性。最后，就组织文化建设的六种主要根植机制和六种次要成形、强化机制，阐明了其在建设项目中的适用情况和具体体现，并指出了培育项目文化的关键因素。

本书历时二年多的时间才得以完成，但其中的不少内容并不仅仅是基于我个人的所思所感所知所悟，在此，向那些将自己的宝贵经验和深刻体会无私地与我分享的同行和朋友致谢，还要向那些曾在相关话题上对我的观点和认识提出异议、进行反驳的同行和朋友致谢，这本书的内容因你们而更加丰富，更加全面。

在此，我也向我的家人致谢，因为你们的支持和默默付出，才能使我长期从事建设项目管理工作，并将大量时间用于写作。如果没有你们的支持和付出，这本书是无法完成的。

著者
2020年2月

目 录

第 1 章 项目的确立 — 001
1.1 真实、全面的信息养分和理性、客观的态度 — 002
1.2 项目可行性研究时的双向沟通 — 008

第 2 章 项目的管理策划和持续改进 — 012
2.1 汲取经验，做好策划 — 013
2.2 项目策划时的全局把握 — 015
2.3 夯实持续改进的信息基础 — 017
2.4 持续改进基于真实的总结 — 018

第 3 章 项目管理信息系统和项目信息门户 — 020
3.1 项目组织结构决定了 PMIS — 021
3.2 PMIS 应具备的特点 — 024
3.3 PIP 应满足的要求 — 027

第 4 章 招投标、合同谈判、合同执行中的沟通管理 — 033
4.1 招得好供方、中标好项目 — 034
4.2 不同的谈判，不同的对策 — 037
    4.2.1 招标后的谈判 — 038
    4.2.2 直接进行的谈判 — 039

4.2.3 谈判中的三项沟通原则 041
4.3 义务的履行和对义务履行的监督 045
4.3.1 建设方与各供方的信息往来 046
4.3.2 监理方与其他方的信息往来 047
4.3.3 E＋P＋C 模式下信息往来的五方关系 049
4.3.4 各方间的相互配合 052

第 5 章 各项目部、各总部之间的沟通 060

5.1 项目部与自身总部间的沟通 062
5.2 项目部之间及其内部的沟通 065
5.3 建设方项目部与其他方总部间的沟通 067
5.3.1 建设方为解决项目问题进行的沟通 068
5.3.2 其他方为解决项目问题进行的沟通 072
5.3.3 为做好项目进行交流 073
5.4 总部之间的沟通 073
5.5 跨层级的信息特殊渠道 074

第 6 章 项目中的规定、报告、会议和清单 077

6.1 制订规定时的信息收集、发布后的宣贯和反馈 078
6.1.1 把需要的信息收集齐全 078
6.1.2 做好规定的宣贯 080
6.1.3 重视跟踪、反馈 081
6.2 选择报告种类，发挥报告作用 081
6.3 克服会议流弊，开好项目会议 087
6.4 用清单促进项目管理 092

第7章 项目中的文件管理 ... 095

7.1 正确进行项目文件的对外收发 ... 096

7.2 项目文件的内部发放和查阅 ... 100

7.2.1 纸质文件的内部签收 ... 101

7.2.2 电子文件柜的建造 ... 102

7.3 代签纸质文件的几个条件 ... 103

7.4 要保证交工资料的真实性和必要性 ... 105

7.4.1 真实程度各异的工程资料 ... 106

7.4.2 只归档有使用价值的资料 ... 108

第8章 项目管理团队组建和团队建设 ... 114

8.1 异地办公、分散办公和集中办公的选择 ... 115

8.2 组建团队的方法与关键点 ... 123

8.3 团队建设的要点 ... 127

第9章 项目建设过程中各参建方的日常往来 ... 129

9.1 彼此形成良好的初期印象 ... 130

9.2 真话不全说,假话全不说 ... 132

9.3 监理的"先兵后礼"和"先礼后兵" ... 134

9.4 相互交往中的感情把握 ... 137

第10章 认清冲突和管好冲突 ... 140

10.1 文化间的差异 ... 144

10.2 工作方式、习惯和性格、性情的不相适应 ... 148

10.3 在目标分解和计划、方法、措施上的分歧 ... 149

10.3.1 无诚意或无能力实现合同目标 ... 151

10.3.2 过度介入	156
10.3.3 信息、知识、经验上的差异	164
10.4 利益因素	165
10.4.1 合同的执行问题	166
10.4.2 合同未定之事处理上的问题	172
10.5 权利和义务理解上的分歧	173
10.6 信息方面的问题	175
10.6.1 信息不对称	175
10.6.2 合同主体未履行信息提供的义务	178
10.7 彼此的误解	180

第11章 做好项目组织文化的沟通与建设

	185
11.1 消解小团伙，破除小圈子的封闭性	186
11.2 项目中的阿谀和谗言	188
11.2.1 认清阿谀和谗言的本质	188
11.2.2 防范项目中的阿谀	190
11.2.3 防范项目中的谗言	192
11.3 项目中的兼听与偏信、开放与封闭、权术与私利	195
11.3.1 以兼听矫治偏信	195
11.3.2 要开放，不要封闭	197
11.3.3 权术和非正当私利导致封闭	198
11.4 发挥沟通作用，建设好项目文化	199

后记	207
参考文献	209

第 1 章

项目的确立

所有的建设项目，大到投资上百亿乃至上千亿的，小到投资几百万或几十万的，最初都莫不发轫于一个个具体的想法。这些想法或是萌生于组织领导的头脑中，并由他酝酿成熟后提出倡议；或是在组织中的某类成员那里已普遍存在，而由具有相应职权的部门或领导提出倡议。由倡议提出到项目启动之间，通常是或简或繁、或长或短的可行性研究，如果研究结果显示项目确有必要且现已具备条件，就启动项目；否则，就不启动项目或直接将倡议否决。当然，有的项目，跨过了可行性研究，而由组织最高管理者直接做出启动的决定，而有的大型项目，在可行性研究之前，先要进行预可行性研究。无论如何，从想法产生直到项目启动，都可视为是确立项目的过程。

确立项目的过程质量决定了项目的决策，即上不上项目或项目选定的正确与否、妥当与否。而这一过程质量又与两个方面紧密相关：一个方面是在组织成员尤其是决策者的头脑中与项目相关的一些信息是否真实、全面以及其对这些信息是否持有理性、客观的态度；另一个方面是在做可行性研究时，委托方的高层与做可行性研究者相互间是如何沟通的。

1.1 真实、全面的信息养分和理性、客观的态度

建设项目在人们脑中孕育之时，就开始受到来自各种渠道的多方面信息的作用、影响，这些信息犹如养分一般培育着这些想法，它们是否真实、是否准确、是否全面，决定了人们对项目相关方面的感知、认知的正确与否，因此，也就决定了项目倡议适当与否。做可行性研究时与之类似，但此时是决定是否启动项目的关键时候，这些信息的质量因此也就决定了这一最重要的项目决策是否正确、是否适当。没有人在创业之始即认定会失败，但他们中的大多数人会以失败告终，其根源就在于输入他们脑中的信息不真、不准、不全。为保证这些事关重大的信息符合要求，我们应做到以下几点。

首先，要以真为本，并要有足够的开放意识和思维。对任何信息，无论是否与自己的既有认知一致，是否与自己的意识、价值观念等吻合，都不要先入为主，而是一视同仁。一旦经必要的核实和慎重、理性的判定后确认为真，即将其纳入脑中。

其次，要使自身的内部信息渠道少有人为制造的噪声，既需要依靠求真求实的组织文化力量，又需要做必要的机制设计。同时，对于那些与项目决策相关的关键信息，则必须通过多条不同的信息渠道获取，以能相互印证。

再次，无论是项目决策者还是做项目可行性研究的人，对获得的信息都有辨识的责任。一是辨识其真假，二是辨识其偏全，而这既要靠确凿无疑的事实，正确无误的知识、经验，也要靠客观理性的态度和足够的逻辑思维能力。

最后，在主动搜集项目信息时，要特别关注与既有认知和意向不一致或相冲突的信息。当项目意向在你头脑中还未形成时，相关信息并不是主动获取的，当这些信息在你头脑中孕育出了项目意向后，你就会主动搜集信息了，并且只有在对这些信息认真考虑和评估后，才能使项目倡议和项目可行性研究立足于坚实的现实之上。

以上几点不仅适用于项目倡议提出前，也适用于其后直到确立或否决项目时，包括可行性研究阶段。当然，做可行性研究时信息搜集、获取的深度和广度远超此前，而在完成可行性研究后，如果其结论的倾向性并不明显，那

么，其后的决策就是个复杂过程，当可行性研究时所获得的信息难以满足决策所需时，就需要继续搜集信息，此时，更需做到以上几点。

建设项目，按用途大致可分为经营型、出售型、自用型三类，现今并不少见的BOT（建设-经营-转让）项目介于出售型和经营型之间，政府在公用事业上的建设项目，则是自用型项目的一个变种。这三类项目，其确立的根本出发点各不相同，为此所需的信息种类也不尽相同，它们各自的目的、特征、确立项目考虑的主要方面见表1-1。

表1-1 三类项目的目的、特征和确立项目考虑的主要方面

项目类型	目的	举例	特征	确立项目考虑的主要方面
经营型	盈利	工厂、宾馆、酒店	项目交工后生产产品或提供服务且产品、服务面向市场	项目投资和项目投用后所生产、提供的产品、服务的销售
出售型	盈利	楼盘	项目产品于交工后或建设期间被出售	项目投资和项目产品的销售
自用型	满足自身需要	办公大楼	项目交工后供建设方自己使用	项目投资和项目产品的效用

确立经营型项目、出售型项目、自用型项目时各自所需信息及这些信息的相关性如图1-1～图1-3所示。在此方面，出售型项目与经营型项目相似，但不及后者复杂，而后者中面向市场用于提供服务的项目，如宾馆、酒店等，远不及用于生产产品的项目复杂，故现仅就用于生产产品的经营型项目和自用型项目议之。

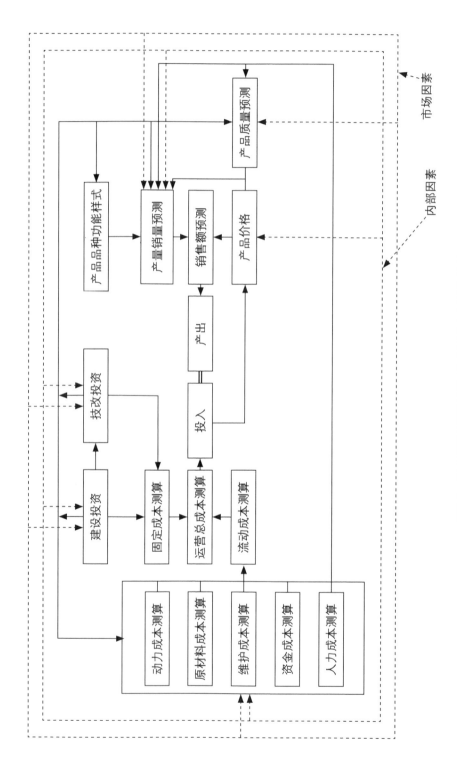

图1-1 确立经营型项目所需各方面信息及其相关性

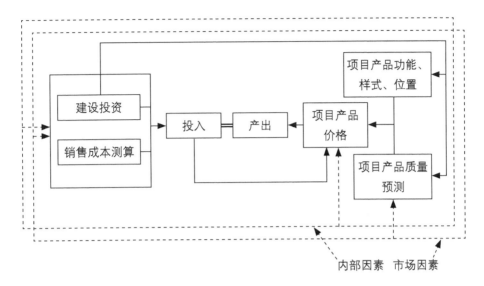

图1-2 确立出售型项目所需各方面信息及其相关性

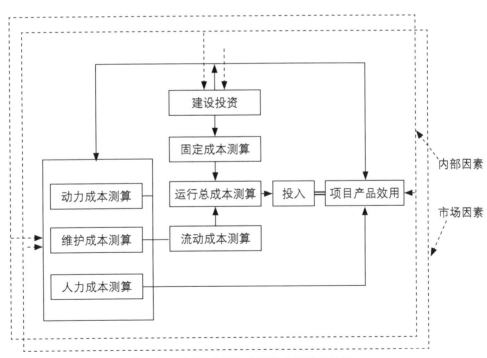

图1-3 确立自用型项目所需各方面信息及其相关性

项目的目的在于建成后的投用，无论是用来生产产品的经营型项目，还是自用型项目，投用后的成本都包括由建设投资形成的固定成本和由运行维护形成的流动成本。但与后一类项目相比，前一类项目投用后的流动成本中还有原材料成本，其人力成本也更为巨大，因为它需要操作、技术、管理、供应、销售等各类人员。两类项目投用后的动力成本、维护成本也相差悬殊，因此前一类项目投用后也常需要贷款而发生资金成本。同时，它因产品的销售与变幻莫测、难以把握的市场相关联，故它的确立更需慎重。当然，这也并不等于后一类即自用型项目就可以匆忙决定。

项目可行性研究启动之前和之后信息的搜集、获取在系统性、完整性和深入程度上自然大不相同。虽然可行性研究启动前也不涉及太多的数据，乃至仅靠所得信息形成的直觉即可做出启动可行性研究的决定，但项目倡议者或决定进行可行性研究的高层管理者，对此仍要慎重，并要使所得信息真实和相对全面。因为即使不考虑可行性研究的投入，也要确保这些既有的信息不会因为其不真实或片面而扰乱可行性研究，这样才能从组织整体角度把握可行性研究，并在可行性研究结果出来后做出正确决策。

无论是项目的倡议人、决策者，还是做可行性研究的人员，其应当获取的各类信息大多可归于图1-1～图1-3所示某个方面的某个层级上。对信息持有理性、客观、开放的态度，加上合适的方法，使我们能有效搜集到真实、全面、准确的信息，由此使我们的决定和研究坚实地立于现实之上，这就是"基于事实的决策方法"。事物间固有的关联决定了信息间必然有关联性，项目较强的系统性又使项目信息间有了较强的系统性，图1-1～图1-3所示各项目间复杂的关联性也正是这种系统性的体现。我们在搜集项目信息时、对信息甄别处理时、做出项目抉择时应充分利用这种系统性，以更高效地获得所需信息，并做出适当的决定，这就是"管理的系统方法"。

项目的意义在于投入所值，而值不值又在于投入和所得的比较。投入以成本计（在此指广义上的成本），所得以收入或功效计，两者向下分成几个不同方面，它们再进一步细分，以此类推，直至最基层。在可行性研究启动之前，贵在总体把握，而不能陷于局部或迷失于细节中，就某方面或某类事，对其信息所要求的详细和精确程度要与它在整体上的重要性成正比，为此，在信息搜集过程中要进行必要的衡量，而这搜集的不仅是外部情况，也包括更翔实的内部情况，如图1-1～图1-3所示，内部因素也是进行项目决策时必须考虑的。

就经营型项目来说，要将内部情况与外部情况结合，以使自己更加清楚地认识到自身组织的比较优势和劣势，而这正是进行项目选择的关键因素，即确立的项目要能将自身的比较优势充分发挥，并最大限度地避免将劣势带入其中，由此形成生产经营上的优势。当项目肩负着实现组织跨越式发展重任的时候，就更要如此了。不得不承认，与同行相比，一个组织的领导者对市场更敏锐的感知、更准确的判断是一种意义重大的优势，通过启动其前景还未被同行知道的项目，使组织获得质的提升，并由此获得竞争优势。但也正是因为不少领导者在此方面过于自负，全然不考虑诸多与其意相反的事实信息，草率确立和启动项目，从而将组织拖入了泥潭。

就经营型项目来说，建设方在项目上具有的所有优势、劣势最终都会落在成本和项目投用后的销售额上，而如果要增加销售优势，就要增加建设投资、技改投资或提高人员待遇等，以此通过提升所生产产品的品质、质量而扩大销量，或以此通过增加产能，降低动力或材料等的消耗而降低产品的单位成本。当然，它们通常是通过复杂的机理、迂回的路径形成这种关联的，而自身的管理又融入其中，正是这种复杂性，使建设项目的抉择常成为组织的最高管理者最难做出的决策。正因如此，在这类重大事情上，绝不能用我们的主观填补现实，为此，现实的信息必须足够真实、全面、准确。当然，有的产品，其市场时常在变，甚至变化剧烈，拥有再多的信息都难以将其恰当把握。在这种情况下，组织最高管理者的直觉必然成为判断项目可行与否的关键，但是，即便如此，仍不能否定获取足够信息的重要，因为它本就是生成正确感受和敏锐直觉的基本养分。李嘉诚数十年在项目上少有失手，其中一些项目也是凭直觉判断的，但你可知道，他这敏锐的商业直觉是如何练就的？他每天睡前都看一会儿书，如果跟公司业务有关，即使再晦涩难懂，也坚持看完，每天早上先浏览由下属汇集的当天全球新闻报道列表，再挑感兴趣的内容仔细阅读，自二十多岁起，他就养成了看其他公司年报的习惯，正是这些看似庞杂、繁乱的信息滋养出他超乎常人的商业直觉。

就自用型项目来说，它的情况要简单不少，但如果建设方是个营利性组织,项目投资、运行和维护费用最终仍然会落在每件产品的成本上,并且会挤占用于扩大再生产的资金,如果项目不是用于研发的话,甚至会挤占研发资金,而这些都必然影响到它的竞争力。在20世纪80年代末,改革开放为中国带来的巨大成果日益显现,一些民营企业家头脑膨胀,纷纷建起豪华大厦。当总体经济形势恶化时,其中的许多企业为此造成资金紧张,有些就此倒在了这些花费巨资、形象意味甚重的项目上,巨人集团就是其中的典型。另外,对用来改善工作环境、提高工作便利性和舒适度的项目,在提高工作的积极性和组织的吸引力、凝聚力而使组织的竞争力有所提高方面,对用于研发的项目,在投资额、运行成本、超前于市场或超前于现有科技方面,作为决策者,都需要将度把握好。由以上可见,作为营利性组织,即使是自用型项目,除非投资额较小,否则,也要就其成本与其能实现的功能进行足够全面、深入的权衡,以做出正确或适宜的决策,从而保证项目确有所值,无损于乃至能提高自身的市场竞争力,因此,这也同样需要搜集足够全面和翔实的内外信息。

就政府来说,由其直接投资的建设项目大多既不是卖品,也不用于经营,而是用于公用事业或是自用,公用事业项目可视为"另类"自用型项目,可将其看作是政府代表民众来投资建设的。政府没有市场竞争压力,如果对它没有外在的约束和监督,功效低下的"形象工程""长官工程"就会随处可见了。

1.2 项目可行性研究时的双向沟通

某个建设项目被倡议者提出来后,这一组织的最高管理者经研判,或将其否决,或直接启动项目,或决定进入可行性研究阶段。

可行性研究的根本目的在于以自身组织的角度论证项目是否合规、是否必要、是否合理,以判定是否应当启动此项目,但显然,不少项目的可行性研究仅单纯是为了获得贷款或获得政府批准❶而做的,本节则不考虑此类异化情

---

❶ 依据国家现行规定,政府投资的项目,实行批准制,而可行性研究报告则是批准的重要依据,非政府投资的项目,则实行核准制和备案制,核准制和备案制都不需提交可行性研究,但核准需提交项目申请报告,备案需提交项目申请备案报告。

况，而是基于可行性研究的根本目的而论。

就项目可行性研究来说，如果要使它发挥应有的重要作用，少不了委托方和做可行性研究者彼此间的双向沟通。作为委托方，与这项目重要性相应的高层管理者也必须介入其中，乃至主导之，但这绝不是以既有的定见或倾向性意见影响论证过程，而主要是通过自己理性、客观的态度以及对利益关联的防范，确保此阶段所获信息的真实、准确以及可行性研究本身的理性、客观。为此，作为项目可行性研究的委托方，要注意以下几点。

（1）不到最后决策时，不形成定见，不显露自己的倾向性

在做可行性研究的过程中，除非是因为已经明确显示出项目的不必要而叫停可行性研究，否则，不到最后决策时就不形成定见，并注意不要显露自己的倾向性意见，更不能将它们掺入到可行性研究中，这是使做可行性研究的人员、团队得出客观结论的必要前提。不然的话，他们就可能会有意无意地迎合你，客观性就此丧失。项目越重大，可行性研究就越应当客观，但因为委托方相应负责人层级或职位必然越高，反倒越可能丧失客观性，乃至沦为定好基调的"命题作文"。因此，作为介入可行性研究的委托方相关负责人，必须向做可行性研究者充分表明、展示自己理性、务实的决策态度和唯以真实、客观为好的价值观念，同时向对方提出相应的要求，这样才能使可行性研究具有足够的客观性。

（2）对重要且不易得的信息，要监督其搜集、获取的过程

对那些足以决定可行性研究结论的客观性、准确性并需要做可行性研究者有颇多投入才能搜集、获取的重要信息，要及时识别出来，并给予必要的过程监督，以此确保所得信息的真实和足够的全面、详细。

（3）适时凭直觉做出决策

对于那些信息足够但分析研究仍无法触及或判别而要靠对内外总体情况的透彻了解和整体把握所形成的直觉来做出的决定，其决定者必须是自己这方的高层管理者乃至最高管理者。当然，在做出决定前，仍需要做可行性研究者向决策者坦诚讲明已知、未知的所有因素以及做出的假设和相应结论，并提出基于专业经验或专业直觉的看法或建议。

对做可行性研究者来说，要以理性、客观的研究态度为职业之本，以结论的正确为自身组织生存发展之本。为此，要做到以下几点。

（1）保持独立性，避免受到委托人的干扰

就可行性研究过程本身来说，不能受委托人的定见和无根无据的倾向性意见干扰，对此要具有足够的屏蔽能力或抵御能力。当委托人意欲干涉时，则要与对方充分沟通，使其明白可行性研究的科学性、专业性和规律性，使其明白可行性研究结论的正确也正是立足于此的。其实，在可行性研究开始前，就应当做好这方面的沟通，有约在先，以能就隔离这类"不良信息"在双方间建立起必要的屏障。

（2）不先入为主

对一切相关信息，均不先入为主，而是以理性、客观的态度和开放、专业的精神待之，并让这种态度和精神主宰整个可行性研究过程，从而将自己的固有看法、思维定式、主观意志彻底消除或是进行有效隔离，以保持基于内在逻辑和客观规律所形成的一致性和整体性。

（3）以事实为本，修正推测和结论

如果后续所得的真实信息证明可行性研究过程中的某个结论或某个推测错误，即使这个结论或推测如何广为人知，也不隐匿这新得的信息，更不会为了一时之利去维护错误，而是及时纠正结论或推测，这也可以说是做可行性研究人员的职业道德。

（4）充分利用历史信息

要充分利用以往项目的历史信息，单就投入方面来说，无论经营型、出售型或自用型的项目，其测算的最重要依据都是以往项目尤其是同类型、同规模项目的同类历史数据，这些数据既包括项目建设期间的，也包括项目交工后运营期间的。在建设期间,它们是由在同一层级工作分解结构(WBS)各组件上发生的各项费用累加而成的项目投资。在运营期间,它们是由每天发生的可归入动力、原材料、维护、人力等几大方面的花费汇总而成的流动成本。

(5)对自用型项目,与委托人沟通时,尤要注意技巧

自用型项目因为没有复杂的市场以及投入和产出间迂回曲折的关系,其论证过程简单不少。但正因如此,委托人更容易自以为是,与委托人之间的沟通有时也更为不畅,当对方是政府时,此情况就更为严重了。对此,做可行性研究者仍要对建设投资、运维成本进行尽可能准确的测算,并准确评估项目产品的功能、功效,将其全面、完整地呈现在委托人面前,同时,也要有足够的沟通能力并使用必要的沟通技巧使对方理解、相信你的可行性研究结论。

第2章

项目的管理策划和持续改进

建设项目一旦通过可行性研究证明了自身的合规性、必要性和合理性之后,那么,下一步,从项目阶段看,就要做初步设计或基础设计了;而从项目管理角度看,则要进行项目策划了。任何建设项目,都不能没有策划,只是详略程度各不相同。唯有通过策划,才能明确项目目标,并通过对目标的分解和相应措施、方法的制订和实施,使项目过程受控,并由此实现项目目标。项目策划如此重要,自然要全力做好,而这又与项目沟通紧密关联。

策划在持续改进的PDCA循环（PDCA循环的含义是将质量管理分为四个阶段，即计划、执行、检查、处理。）中是P（计划）阶段，而持续改进则被称为质量管理体系的精髓。一个组织，自创建开始，就只有通过不断改进才能不断提升和发展，而持续改进，则使改进成为一种连续不断、循环上升的行为，即形成PDCA循环，改进因而具有了内在的连贯性和统一性。正因如此，持续改进成为各类组织提升管理、增强实力的最有效的方法，即使是在以独特性为本质的项目上进行项目活动的各类项目组织，也是如此。作为项目组织如果要真正做到持续改进，就必须保证两点，即相应项目信息的真实和全面，以及相应项目总结的真实。项目策划、项目信息反馈、项目总结间的关联如图2-1所示。

图2-1　项目策划、项目信息反馈、项目总结间的关联

2.1 汲取经验，做好策划

牛顿说过一句广为传颂的话："如果说我看得比别人更远些，那是因为我站在巨人的肩膀上。"同理，要想做好自己的项目，也要充分汲取其他项目的经验教训，这些经验教训以信息为载体，经传递、接收而为我所获。为了充分汲取经验教训，应注意以下两点。

（1）确保所用信息的真实和足够具体

无论是经验还是教训，它们的价值都以真实和具体为基础，因为真实，才有了现实性，因为具体，才有了适用性。为此，无论这类信息是口头的、书面的还是正式的、非正式的，都先要进行甄别、遴选，并从亲历者那儿获取必要的情况补充。现在社会上自我吹嘘之风盛行，一方面常将好的经验无限拔高从而渗入了太多水分，另一方面又对自己的错误、失败避而不谈或是含糊其词、蜻蜓点水。夸大好的效用，抛弃它适用的具体环境、条件，也就看不出它的局限性所在，如对此不加以注意，就会被其误导。例如某个历时5年的大型化工项目，在安全管理方面取得了无死亡、无重伤的好成绩，项目结束后，安全管理人员却苦于写总结，因为据实写成的材料一次次被退回，要求提升高度，不难想象，当这个总结修改到领导满意的程度时，原本最有价值的真实、具体的信息也就所剩无几或残缺不全了。对错误、失败的淡化，则使相应问题的危险性、结果的严重性难被借鉴者切实感受和认识，在进行相关权衡时，难免还会有大的偏失，若此，就仍可能重蹈覆辙，更不用说将错误、失败隐匿而不为他人所知了。某大型央企内专用于建设自身项目的工程公司，其负责质量管理体系的部门经理曾有意要将各项目上的教训汇集在一起，但此意愿到他退休时也未实现。因为即使时过境迁，项目人员也难以坦诚地将曾经的失败和错误拿出来供同事和组织借鉴。

　　鉴于以上所述，对经验、教训类的信息，务必要做好去伪存真、去虚存实的处理，并从亲历者那儿获取必要的补充信息，唯此才能为我所用。但是无论如何，相比从外部获取，从自身组织已建或在建项目中获取经验、教训还是相对容易的，同时，因为更有针对性和可比性，因而更易为我所用。关键是要形成使人们能实事求是地看待自身成绩，将失败、错误、问题自我曝光的文化。例如，在一大型央企内的工程公司，在前一个大项目结束、下一个大项目即将启动时，同是两个项目负责人的公司领导倡议好好总结前一项目的经验教训，为此召开了总结交流会，公司主要领导及部门负责人悉数参加，由前一项目部门及项目组的经理逐一汇报，然后就此进行了较为坦诚而深入的讨论。虽然对高层原本就不曾知晓的那些错误和问题暴露得并不充分，其中的一些问题因此也会延续到下一项目，但不可否认，在项目条件基本一致的部分或方面上，后一项目将足以能够超越前一项目。

（2）要因地制宜

世上少有放之四海而皆准的经验和教训，对以独特性为其本质的项目来说，更是如此。如不考虑具体的适用条件、触发因素，就必定会将经验生搬硬套，也必定不能将教训准确"对位"，致使在以往项目上成功的经验用在新项目上却以失败告终，也使我们在新项目上防范、避免以往的失败和错误时，因为不能将资源和精力准确投放而导致效果差、浪费严重，并在选择时少了那些虽有不足和问题却较为实用的方法和手段。如在大型建设项目中，常在现场设有商品混凝土搅拌站，当周边资源不足时，设之必能节约成本和时间，但如果项目所在地因建筑市场繁荣等原因使得商品混凝土资源充裕，它的优势就不复存在了，如仍按以往项目的经验设之，反而会适得其反。项目管理的实践性使得经验教训对后续项目具有重要意义，而项目的独特性，则使我们唯有找出以往经验得以形成的根本性条件，并比照现在的新项目，确认现在的条件与之接近，才可拿来为我所用。同理，我们也唯有找出导致失败的根本性的或触发性的条件，而后比照现在的新项目，方能制订出有针对性的防范措施，而不是"大水漫灌"地防范。

2.2 项目策划时的全局把握

项目策划和项目沟通的相关性除了体现在以往经验的汲取上更体现在策划的过程之中。做项目策划，自然非一人之力，它由项目负责人即项目主任或项目经理组织和主导，由项目各单方面的负责人共同来做。为做好各方面的策划，在项目策划初始，项目主任或项目经理就要明确方向性、原则性、全局性的事项或要求，为此，一方面，他需要事先与总部最高层进行沟通，就其中一些非他本人所能决定的事项征询总部的意见；另一方面，他要将这些事项、要求向各方面的负责人讲清楚，并通过其后策划过程中的管控和指导，使后者在策划时不至于出现方向性、原则性的或足以搅乱全局的大问题。除此之外，作为项目主任或项目经理还要全力避免在各单方面负责人那里出现两类问题，一是以自我为中心在内部占有过多优势，二是在业务界面上单方面自作主张，为此，彼此间紧密的沟通仍必不可少。

在进行项目策划时，每个方面的负责人只对他这方面负责，以自己的这一方面为中心本无可厚非，但如果因此在内部占有了过多优势，使项目其他方面受到不良影响，进而使其他项目目标难以合理设定或是难以实现，那么，这就成了一种失职行为。无论这优势是内部资源、项目目标还是权力职责，都是如此。而如果这是他凭借专业经验或信息优势有意误导项目负责人所致，那么，这就是欺骗行为了。作为项目的最高管理者，一方面，对下属在策划时具有的片面性，有责任通过综合权衡和统一把握来消除，而在此之前，需要与对方进行足够的沟通，以了解其策划时的所思所想，在此之后，则需要将做出的调整明示给对方；另一方面，在项目组织构建开始，就必须倾力引导每位成员，并通过自己的言行起到示范作用，使项目成员树立起足够的合作意识和必要的整体观念、全局意识。

在进行项目策划时，作为某个方面的负责人，对涉及界面上的事，即使此事本就应以自己这方为主，但如果自己自作主张，而不先充分征询界面上其他方面负责人的意见或想法，并将合理部分融入自己的策划中，那么，在实施阶段，就会使自身难以获得其他方面有效的支持、配合，或使其他方面难以做好承接。对那些本就需要各方面负责人共同议定的事，就更是如此了。对此类问题，作为项目的最高管理者，则需要引导、敦促、监督这些直接下属做好相互间的沟通、协商。与此同时，还要注意避免因他们议定的片面性而损害整体利益，因为在项目内部，各方面、各事项间都存在着系统性关联，都要受到整体的约束，为此，就要使下属明白具体界面关联上的局限性和应有的约束，并采取与前一问题相近的措施来预防和矫正。

项目策划的成果是项目计划，它在向总部报审前，还必须要经过由项目负责人组织的内部会审。会审意义重大，但如果有了以上良好的过程控制，此时剩下的就只是涉及多个方面、复杂却并不一定重大的问题，或是虽然事项重大却与其他方面较少关联的问题。为取得应有的会审效果，应将这待审的计划发给包括单方面负责人在内的所有会审者，并给其足够的时间审查并提出意见或建议，其后，还需将他们召集在一起，将所有意见和建议集中讨论，最终形成共识或是由项目负责人做出决定。

项目计划一旦获得批准，即可发布实施，但如果项目复杂，还要将它在全体项目管理人员中进行宣贯。通过对章节段落、字词句的详细阐释，以及对策划时的争论、选择等背后故事的讲述，使项目计划的内容深入人心，使项目管理人员深知其中所含的整体要求、基本原则、理念和意识，并能予以透彻、全面、准确地理解，同时也使他们深刻认识到由自己执行的部分在整体中的作用、意义以及与其他部分关联的内在机理，进而既能以应有的立场和高度严格执行项目计划，也能在遇到计划所不及的或不适用的情况或是问题时，以原则和理念、目标和方针为根本，妥当而灵活地处理，避免造成阻滞、脱节和不必要的冲突，从而保证既定目标的实现、预期成果的获得。

2.3 夯实持续改进的信息基础

在持续改进的PDCA循环中，最关键的是A，即处理环节，而A的基础则是从C即检查环节所获得的信息。这些信息的真实性、全面性关系到总结的质量，关系到持续改进的成效，只有真实和足够全面的信息才能使我们的认知最接近于客观事实，我们的总结提高活动因此才能取得较为显著的成效。

正如本书一再强调的，真实是对所有事实类信息最根本的要求。假的信息非但没有任何价值和意义，反而有害，越是事关重大的信息，若是假信息的危害也就越大。如果我们对信息产生了应有的怀疑，我们就不得不先花相当多的时间和精力辨识真伪并重新收集信息，而如果把假的信息误认为真，就必然会被误导。就持续改进来说，这将使我们得出的经验、认识和形成的规定、制度等背离现实，其结果是非但空耗了改进的资源和内在的精神力量，也会贻误改进的时机，甚至不进反退，这些对于"寸时寸金"的建设项目来说，危害自然就更大了。

在持续改进的过程中，与要求信息真实相称的是要求信息具备足够的全面性。正如"断章取义"这个成语告诉我们的那样，基于残缺不全的信息得出的结论常有失偏颇。面对同一个不全面的信息，不同的人会自觉或不自觉地补进不同的内容，拼出不同的"现实影像"，但事实却只有一个。在这些基于个人的既往记忆和个人的分析、判断、感知能力填补成的诸多"现实影像"中，至多只有一个与事实相符，其他的即使不是完全失真，也必然是局部失真。以此总结出的内容，就可能缺失了不可或缺的一面，甚至是偏于一端而不及其余。因此，就建设项目来说，用于总结的信息务必要足够全面，才能被用于持续改进的活动中去。当然，改进的对象不同、使用信息的人不同，所要求的全面性也会不同。另外，在事情正发生或正在进行的时候，因这些事情而产生的诸多信息，其中哪些以后能够用来改进、提高我们的管理，我们当时常难以完全判定清楚，对于复杂且重大之事的信息，就更是如此了，这些都决定了要求信息全面的复杂性。对此，要保存那些最原始性的记录，包括项目成员依据专业经验和敏感性而做的非事先规定的各种记录，以此求得信息收集的全面。而在项目进行中，也应当利用当时崭新的认知以及个人拥有的那些杂乱、细碎、庞杂的信息，如往来的邮件、非正式的记录等，形成过程总结或据此提出切实的建议、意见，以此使鲜活的信息能被及时利用。

2.4 持续改进基于真实的总结

在持续改进的PDCA循环中，具有起承转合作用的A环节举足轻重，而总结则是A环节的首要之事，经总结发现不足或问题的根源，从而得出改进的方法或途径，并通过获得经验，凝成认识和意识，形成规定或制度来实现一次次提升。

在大型建设项目上，作为一种持续性活动，有效的总结将促使项目人员不断积累经验、提升能力、完善方法，并使项目制度、流程和体系不断完善，从而提升整个项目的管理水准。总结的形式、类型多种多样，可以是年度总结、季度总结等定期总结，或是就某个重大活动或事件做出的专题总结，以及竣工后的项目总结，也可以是在形成各类报告时对既往进行的任何回顾、分析、概括、评价，它甚至不必体现在书面上，但无论是哪一种，都必须以理性、客观为根本。

与"真实是记录的立足点"相类似，理性、客观是总结的立足点。面对既有的各类信息，包括关于自身的那些信息，都应当以一种既无个人感情色彩又不参有个人价值观念、既无渲染又无顾虑、旁观式的态度冷静地看待，客观而深入地体会和思考，由此方能得出有价值的总结。这类总结也因此成为宝贵的组织过程资产，而这种态度也莫不可称之为"真"。为此，组织就不能只是因总结时坦露的过错或失误而追究个人的责任，而这又需要组织具有应有的宽容文化。

第3章

项目管理信息系统和项目信息门户

因为有了信息,人们才能够感知世界、认识世界,能够有目的地作用于世界,但无论如何,信息都是依附在它的主体之上的。因为项目本身自成系统,因此,与项目管理相关的各类信息,其形成、发送、传递、接收、使用、存储等也要随之具有系统性,这就要求我们建立起一个相对完善的项目管理信息系统(PMIS)。如果我们把项目比作一个活体,PMIS就像这活体的神经网络,活体的各器官等组成部分的功能决定了它的神经网络,类似地,项目组织机构内各组成部分的职责也决定了它的PMIS。

作为起到部分作用的项目信息门户(PIP),越来越普遍地应用在建设项目的管理中,但目前仍存在一些普遍性的问题。这就需要使用方的相关负责人有针对性地对PIP的开发、设计提出要求,以使其发挥出应有作用。

3.1 项目组织结构决定了PMIS

建设项目得以确立的目的、建设项目具体的客观环境、建设方的自身条件和组织文化决定了项目目标，它们与建设方的既有项目管理经验、项目管理制度和人力资源状况等一起决定了建设方的项目组织机构形式，由此确定了它内部各项目组织单元（项目部门、项目组）、项目岗位及相应的职责，因职责而形成了信息需求，即为确保履行好这些职责而提出的信息要求。这许许多多所需要的信息汇聚成信息流，进而对信息的生成、收集、发送、接收、存储等提出了诸多要求，为此就需要配备人员和设施，形成工作流程，建立管理制度等，建设方自身的PMIS由此得以建立。建设方之外的其他参建方与此同理建立起自身的PMIS，而每一方和与它存在界面关系的其他参建方间必然也有信息流动，各自的PMIS依据合同明示或隐含的义务向其他方提供自身的或从别处收集到的信息，以确保其他方能够履行合同义务或维护自己的正当权益。所有参建方的PMIS由此合成为整个项目的PMIS，前者和后者又共同成为项目内各组织机构运行的信息基础。在项目组织机构既定的前提下，PMIS是否能满足其运行所需，决定了项目管理的成效，因此，设计PMIS必须以它的主体即项目组织机构的需要为根本。鉴于在大型建设项目中，建设方管理的复杂性和全面性，现以之说明一个项目组织机构的设置和职责划定如何决定它内部的PMIS。

在大型建设项目上，建设方通常采用的是复杂的矩阵式组织结构，常见的大型项目建设方项目组织机构如图3-1所示，图中的箭头线表示指令所走路径，而指令本身就是使组织机构得以运行的重要信息。我们从图中可以看出，项目组要同时接收主任组和项目部门的指令，这看似矛盾实则是基于这两条路径分工不同所致，因为项目组的一部分职责向上直接对应的是主任组，而非项目部门。

项目上的各项指令在PMIS中发出、传送、接收、反馈。执行人必然是指令接收者，指令信息的传递路径当然覆盖了指令系统的权力作用路径。除此之外，还需要将此类信息发送给与指令事项相关的同组织单元内各岗位、上级岗

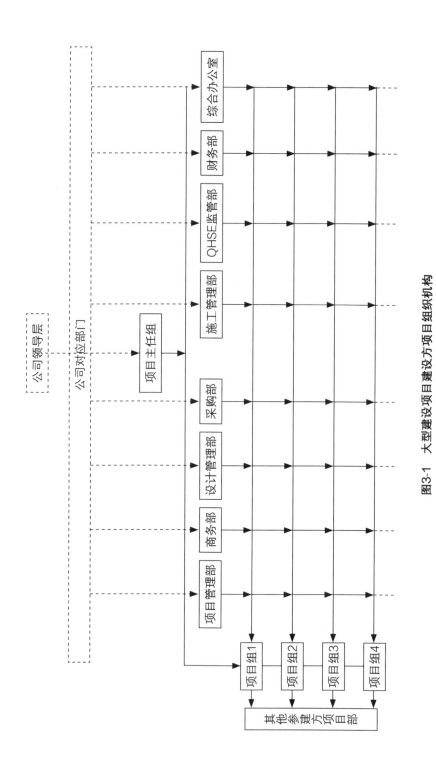

图3-1 大型建设项目建设方项目组织机构

位或部门、同级其他组织单元、归自身负责的其他参建方等利害关系人。他们或是进行监督、提供支持、给予配合，或是将执行过程、执行结果作为工作输入条件，或是自身工作、自身利益受执行过程、执行结果的作用和影响。考虑到指令的受众，指令必须确保所有接收者都能正确理解。当然，这是以接收者的理解能力满足岗位要求为前提。但无论如何，要求指令明确、清晰、简洁易懂总不为过。

指令源于决定，而做出决定又是以对情况的了解、认识和既有的经验、知识等为基础的。当决定较为重大或所涉及事项较为复杂时，决定者必然先要收集足够的信息，有些信息是已发生的事或以某种形式存在的物质情况，我们可将它们归为既成事实类信息；有些信息是从专业人员或"过来人"那里或书刊、网络中获得的经验、知识和建议，我们可将它们归为知识经验类信息；决定的利害关系人、指令的执行人等也可能会事先提出意见、诉求乃至要求，我们可将它们归为商议类信息；还有计划类信息，即某一主体对未来的某些事项做出的安排。作为指令的决定者，他在决定前获得的各类信息是否足够翔实、准确、完整，对决定的适当、正确与否至关重要。这其中的一部分信息来源于指令信息将来的接收方，但这些信息尤其是其中的非正式信息的传递路径未必就是指令信息路径的简单逆向，因为指令必然依权力层级逐层下达或上传，而非正式信息却完全可以由决定者直接与信息源联系而获得。现代信息技术的发达使相互的交流沟通变得非常便捷，即使远隔千里或遥不可及，决策者也能轻易地与最基层取得联系，并从那获得原始信息。

在以上所说三类信息中，最易失真或被忽视的或许就是商议类信息了，它们来源于那些与所做出的决定有利益关联的个人和组织，从广义上来说，也可以是同一个组织内的成员、部门等。对所涉及利害关系重大的事，决策前如果没有对这些个人和组织的感受、关切和意愿予以足够的重视和认真的了解，就易使决策偏失，从而使指令难能执行或执行效果与目的南辕北辙。要避免这一点，就必须在决策前与这些个人和组织充分沟通，保证对这类信息掌握得全面、准确。上述的这些信息和沟通行为虽然可能是非正式的，但正式的信息和沟通是重要且必不可少的，在建设项目中，正是它们构成了PMIS中的一个重要部分。

3.2 PMIS应具备的特点

相比于运营活动，项目活动需要更多的创造性，在项目活动中，建设项目活动则要求更多的组织性，它要通过所有参建方、所有参建人员的那些安排紧凑、衔接紧密的独特活动形成项目的整体进展，建设项目由此而时时在变，日新月异。正因如此，与项目相关的所有信息都要及时、准确地收集、整理并发送到需要者那里，从而能够对建设项目活动进行及时、正确、妥当的安排和管控。又因为建设项目有着明确的时间限定，并通过时间的分配使每项活动都受到时间的约束，而信息滞后必然导致项目活动滞后，甚至最终影响到项目的完成时间。因此，建设项目的信息需要有很强的时效性。

使项目得以进行下去的信息，或者本就是由项目活动产生出来的信息，或者是那些与项目活动相关联的外部事物的信息，无论是哪一类，它们都是用于项目活动的，我们可将其统称为项目信息。这些信息因为其内容主体之间的关联或是作为其落脚点的项目活动之间的关联而具有了关联性，这体现在相互的逻辑关系、内容的一致性或互证性上。而相较于其他类型的项目，建设项目因为其各项项目活动紧密地连成一体而使项目信息之间的关联性更强。

因为建设项目信息要具有很强的时效性和关联性，与之相应的，PMIS就应当具有迅捷、准确、简练、完整、系统、易留存、易查找这几项特质。其中，迅捷是对信息生成及传递速度和传递路径的要求，准确是对信息发送的要求，简练、完整、系统是对信息内容的要求，易留存是对信息载体的要求，易查找是对信息存储的要求，下面就这几项特质分别论之。

（1）迅捷

迅即迅速，意在提供信息时要能满足时间要求，使信息具有尽可能高的使用价值。捷即便捷，这有助于满足对迅速的要求，同时，这也是基于信息管理成本的考量而提出的要求。当然，我们在尽可能迅捷地提供信息的同时，仍要确保它们可追溯，仍要把正式信息、非正式信息区别开，仍要保证正式信息足以能作为法律证据。

（2）准确

要能准确地将信息发送到需要的其他参建方组织和自身内部需要的岗位那里，不滥发、不漏发。滥发造成了接收方信息过量，分散了其注意力，干扰了其对真正所需信息的接收。漏发则使被漏发的一方或岗位因为缺少了完成工程任务或做好工作所需要的信息，致使其认识、决定、行动或是延迟，或是偏离实际、偏离正确方向。电子邮件的便利使得漏发问题不易出现，但却使滥发问题更为严重。对此，为了提高信息发送的准确性，在项目开工之初，建设方就应当组织各参建方依据合同明确相互的信息需求，而在一个组织内部，项目部一旦组建起来，就要依据各部门、各岗位的职责明确相应的信息需求。

（3）简练、完整、系统

简练有简洁、凝练之意。因项目的时间限定，更因建设项目信息的庞杂，如不注意表述的简练，就会对信息的使用效果和使用效率造成不良影响，严重的甚至会影响到信息使用者的工作效率。为此，作为信息的搜集、核证、整理者，在满足使用者对信息原始性要求的前提下，要依据使用信息或自身发送信息的合理目的，撤下无关信息，并以尽可能少但却含义相同的语言表述同一内容。完整，即要使信息具有使用所需要的整体性，它在一定程度上是与简洁互为约束的。系统，它与完整相关，是基于信息间的关联性而提出的要求，因为这种关联性是基于信息的内容主体本身具有的系统性而产生的，因此，对相互关联的信息，不但要系统性地形成，也要系统性地发送，这或体现在发送的顺序、批次和时间上，或体现在必要的说明、标示和信息名称上。

（4）易留存

以现代相关技术之丰富、发达和普及，无论是纸质文件还是电子文件，无论是视频还是音频，存储都已不成问题，但要注意对电子载体信息的收、发记录本身的留存。这主要体现在对电子邮件的保存上，以在必要时能够查证由谁何时向谁发送了什么邮件，或是谁何时接收到了谁发来的什么邮件，有的时候，这些是可以作为法律证据的。

（5）易查找

因为项目产品形成过程和项目管理本身的前后关联和整体性，多数项目信息都会被反复使用。就电子文件来说，一方面，文件提供者通过系统性形成、系统性发送，使接收电子文件的人便于合理存储和后续查找；另一方面，由文控员保存在网络空间等中的电子文件，也要便于他人查找。就纸质文件来说，由文控员保存的部分要便于他自己查找。因此，无论是纸质版的文件还是电子版的文件，都应当系统性、有层次、有条理、分门别类地存放和标示，以做到易查找。

另外，PMIS还要有足够的应变能力。任何一个组织的信息管理系统都是与它的管理体系相生相伴的。我们在设计这一系统时，对管理体系日常运行，对各岗位、组织单元做好日常工作所需的信息常是能够考虑全面的，因此，这一系统少有不能满足日常信息需求的。但对于临时性或突发性的事，无论是做出决定所需信息的获得，或是指令信息的传递，却时常难满足需要。以一次性为根本特性的建设项目，时常会遇到突发性或临时性的事，它们能否得到妥当处理有时会影响到项目管理的走向，乃至有可能决定项目的成败。而要妥当处理，就要求PMIS具有足够的适应性、灵活性和柔韧性。因此，灵活应变的机制对于PMIS来说必不可少，同时，也要选好文控人员，并通过合理的激励措施，通过对他们的指导、培训、支持和监督，使他们具有足够的意识、经验和责任心，这样才能使PMIS具有足够的应变能力。

构建PMIS，也就是构建项目信息得以在其中生成、发送、传递、接收、使用、存储的构架、载体和路径。为此，就要配备人员和设施，建立电子网络平台，建立制度和准则，确立程序或流程，形成行为规范，由此形成一个有着良好运行机制的有机整体，使它能够将建设项目常规的信息流动囊括其中，并能够受系统性的管控。

我们在构建PMIS时，还要注意做好选项，而在构建完成后，则要做好说明。任何工作都需要信息，也都产生信息，并因此都有信息的流动，都需要对信息进行处理，但显然，我们在构建PMIS时难以将它们逐项全部列出，更难以全部规定清楚。对此，可行的办法是将种类和单项结合，这里的单项是指那些对建设项目来说属于典型而重大的事项，如安全事故、质量事故等，这就是做好选项之意。做好说明，即我们要把PMIS的设置和规定通过简洁的方式用简洁的图表和文字表示出来，最好是一目了然，以使所有相关人员都容易理解、容易记忆。信息流程图就是一种较好的说明方式，因为信息依附于使用或产生它的工作，某类或某个事项的信息流程也必然依附于它的工作流程，因此，我们在工作流程图中的各步骤上标示出需要的是什么信息、由谁提供，它又生成什么信息并发送给谁，并扼要地做出必要说明，即成为对应的信息流程图。

3.3 PIP应满足的要求

讲到PMIS，不得不说到由项目建设方负责构建的PIP。PIP英文全称为Project Information Portal，中文译为项目信息门户。在其中，被授权的建设方项目各组织单元或项目岗位以及各参建方按事先的约定发布相应的项目信息，同时，材料、设备请购文件的审批，各类材料和设备款、工程款的申请、审批，合同变更的办理，甚至是各类方案、计划的报审等也都在它当中完成，从这个角度看，可以将它看成是项目上的OA（办公自动化）系统。

PIP在信息管理上的优点显而易见，它使不同地点的各参建方都能及时获得且可随时查看其中的各类项目信息，自然，各参建方也要按约定及时在上面发布各自的项目信息。同时，它也极大地提高了项目异地办公的效率，缩短了异地办公和同地办公的差距，使得更多的管理人员能在项目与总部之间、项目与项目之间灵活调配，从根本上说，这些都源于信息传递和信息处理的便利化。PIP上的所有信息只有平台维护人员才能够更改或删除，待一个项目正式结束并且项目所有合同都已关闭时，即可将它"冻结"，也就是只可查看而不可操作。无论是其中的各类报告、总结、通报、通知等，还是其中的各类申请、审查、审批等，其内容和操作信息都将被完整地保存下来，以供之后追溯和借鉴。

就目前PIP的开发来看，需要保证以下几点，否则，相应的问题必然会较大地影响到它应有作用的发挥。

（1）运行要顺畅

运行顺畅，这既体现在必要的速度上，也体现在少有卡顿和操作失灵上。作为软件开发商，要赢得客户，就应当保证软件的运行速度和差错率让大多数的使用者都能接受，否则，对它的期望就会转变为对它的厌烦和抱怨。

（2）在符合既有制度的前提下，以便利为根本

这里的便利一是易学、易操作又不易误操作，二是不增加审查的环节。

易学、易操作的要求，既是基于效率，也是基于操作的质量。就不易误操作这一要求来说，也是如此，这也类同于家用电器要考虑到误操作而有特定的安全防护功能，只不过在此是避免误操作本身。我们在设计PIP时，理应通过正确步骤的简单明了，通过增加误操作难度并避免误操作与人们的习惯吻合，通过对误操作的拦截和必要的自动提示来做到这一点。

对易学、易操作又不易误操作的要求，在设计程序时，如果考虑不细致或少有相应的实践经验，就难以满足。如有的PIP，被审批人驳回的内容经修改后，如果直接提交而不先保存，提交上去的仍是修改前的版本，而保存框又放在不起眼的位置，提交时也无保存提示，这就没考虑到再次提交前必然要对内容做出修改。又如在查较早前的已办事宜时，往前翻找到了某一页的某一项，点开阅读后退出这一项，就回到了翻查前的原始状态，如果需要继续往前查询，还需要从头翻页，这就没考虑到使用者会就同一类事或因名称的类同而要连续查询这一常有的情况。为能满足这一要求，既需要程序开发人员足够细致，也需要他们积累足够的操作体验。同时，因为应用领域的专业性和必然存在的考虑不全，还需要有项目人员全程参与，参与PIP开发的项目人员按PIP内的不同方面、不同模块而各不相同，但他们都应当在相应事项的办理上有足够经验，以能及时提出妥当要求，并及时明确流程上的细节内容。

不增加审查的环节，在此意指不能单纯因为有了PIP而增加审查、审核环节。与之相反的正是我们常犯的毛病，电子化操作的便利常导致审查、审核岗位的增加，甚至但凡与之有关联的部门或岗位都被拉了进来，即在最终批准前

必须要经过这诸多部门或诸多岗位逐个的审查、审核，因此形成了效率低下的审批流程。这类在PIP上设置审批的误区如图3-2所示，图中虚线框可视为是某项目部内的项目部门，前面排成一列的三点是这部门内的几个相关岗位，相应地，后面一点是这部门的经理，即必须经部门相关岗位都审查通过后，系统才自动提交给项目部门经理审查。当我们把虚线框视为整个项目部时，情况也与之类似，只不过此时排成一列的三点就是项目部内的各项目部门了。

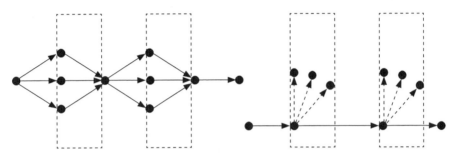

图3-2　在PIP上设置审批的误区　　图3-3　线上审批与线下沟通相结合的方式

当审的是计划类或制度类文件时，如此设置，不但没有获得PIP应有的效率，更严重的是很少有可能获得基于全局考量、综合权衡产生的最佳总体效果。因为它要通过所有的关联岗位或关联部门，为此，它就必须面面俱到、四平八稳，最终通常会成为毫无创造性、丧失全局性的"庸常之作"，这是一种不该有的对权力的分散，而这就是滥用PIP的结果。单就图3-2所示的问题，我们可以在审批流程上做如下调整，即将待审文件按事项原来归属的层级直接提交给项目部门经理或项目负责人，由他向内部成员或项目部门了解详情、听取意见，并经必要讨论后，提出修改要求或直接批复同意。这种线上审批与线下沟通相结合的方式如图3-3所示。当然，也有相当多的事，确实是需要内部相关各岗位或各部门基于与职责相应的不同角度来审查、审核，待全部通过后，再转到部门经理或项目负责人那里，如对事实的审核，或是审核的依据、标准都已由上级明确的内容。若此，就既无损于整体，又能发挥出各负其责的优势来了。我们要充分认识到，只有基于管理本身才可以提出管理的要求，PIP只是管理的工具，它有助于满足管理要求、实现管理目的，但它不是管理本身，在一定程度上，这和翻译时不能增减、改动原文是一个道理。

（3）具有互通互证的能力

互通互证，一是指在PIP系统内部各模块之间，二是指PIP与项目所用其他管理系统之间。互通，意指尽可能避免重复录入或重复进行其他的费时操作。例如，在一个新型能源化工项目上，因为未考虑与财务系统的兼容和内容共享，在资产移交时，不得不将已录入在PIP中的所有对应资料重新调整格式和条目后，再由人录入到财务系统中。这个建设方，在下一个大型项目上，汲取了这一教训而使两者贯通。互证，即在不容易或不值得实现互通的情况下，就同一个重要信息或它的关联信息、相关操作，能够相互核证，一旦相互矛盾，立即给予提示，甚至暂停，直至矛盾消除或是确认无问题。我们要充分挖掘信息电子化在以上方面的巨大潜力，充分利用已输入的信息和已完成的操作，为此，除了要由有足够经验的项目人员全程参与开发外，也需要统一格式或内容类别。

（4）具有足够的自我保护功能

要确保PIP内的所有信息不能因系统上的或操作上的问题而受损，因为其内的电子操作记录、电子文档是项目的重要历史信息，为了确保它们能够始终完好地留存下来，PIP必须具有稳妥的保护措施，如必要的定时自动备份功能。

（5）试用期的时间要足够

对于PIP这类必须与具体现实情况紧相贴合的软件系统，必然存在着不少因人的认知、经验难以企及而只有实践才能真正发现的问题和不足之处，为了及早发现并解决问题，完善不足，同时，也考虑到使用PIP系统必然需要一个熟悉和适应的过程，所以，要有一个时间足够长的试用期。而在试用期间，所有试用人员都应当用心体会，既要留心如卡顿、失灵、不兼容等"硬性问题"，也要留心任何不好操作、容易误操作、不便协同办公等"软性问题"。另外，虽然是试用，但在试用所及的范围内，仍要把由它替代的原有方式全部停止，这既是为了避免混乱，也是为了确保所有相关岗位都能有足够的操作，从而用尽可能短的时间最大限度地发现问题和不足。

（6）做到培训的全覆盖和维护的全过程

由建设方组织的培训针对的是与建设方有合同关系的承包商及监理等管理方，对它的全覆盖要求，在中小型项目上不难满足，因为项目的工期不长、承包商也少。但在大型项目上，因为项目工期长，承包商众多，并且是陆续进场的，前后间隔可达两三年，这就使得PIP的培训常是顾前不顾后，对主要承包商进行培训之后，对后面选定的"小工程"承包商，就不再进行培训了，正因如此，大型项目上的建设方要特别注意保证培训的全覆盖。

PIP的维护必须要全过程，要自始至终，当然，在大型项目上，到了中后期，因为暴露出的问题和不足都得到了解决和处理，维护也可以不必在项目现场来做了。与此同时，如果利用视频方式或由他人代为进行无碍培训，则软件公司人员可撤离项目现场，但其后仍需要后者远程维护，并按建设方要求做好视频培训、解惑答疑工作。

（7）应减少纸质版文件的生成和存档

虽然同一个PIP可供同一个建设方的不同项目使用，但这无碍每个项目的独特设计，每个项目的内容在项目结束后也都可单独冻结并保存下来。就已改为在PIP中办理的事项来说，建设方的相应文件以纸质版形式存档的意义减弱不少，至少单纯从追溯的角度看，已不需要。因此，其中一些文件完全不必再转成纸版存档了，当然，这需要档案人员与使用PIP的内部各方面人员一同细致核对、认真判定。

（8）在维护PIP时，及时明确和调整使用人和各审批人

在某个具体项目开通PIP伊始，建设方即会根据已定的参建方、已定的岗位人员明确使用人和各类审批人，开通账户，进行相关设置。但此时，有一些参建方还未确定，在建设方自身内部，项目建设期间，项目人员也有较强的流动性，时常有人员进出，人员的岗位或岗位本身的权责也会发生变化，这些在大型项目中尤为明显。这就需要对使用人、审批人及时进行相应调整，并及时通知各相关方及内部各相关人员，这也是平台日常维护的一项重要内容。这项

工作，无论是由PIP开发商做，或是为了便利由建设方内部人员做，建设方都应当事先明确作为调整依据的信息或调整后指令统一由哪个岗位发出，或是明确哪个方面的这类信息或指令由哪个项目部门发出。例如，就增加的承包商、增加的供应商、增减的内部人员或内部岗位审批权责的变化，明确分别由项目上的商务部、采购部、综合办公室发出。

除以上内容外，在进行PIP设计或修改完善时，还要考虑到可能发生的紧迫、特殊且又重大的情况，如仍有必要在PIP上进行处理，就应当对此设定特殊通道和严格的触发、启动条件。同时，我们也要避免"唯PIP是论"，要认识到并不是什么事都值得或是可以放入其中的，对此，务必要紧紧围绕它具有的简便、高效的优势来设计、完善，如不然，就很可能本末倒置。如在大型项目上，把原来只是向项目综合办口头申请、简单登记即可的进城用车，改为在PIP中申请且必须经项目某个负责人批准，除了审批，也未形成任何电子数据以进行统计分析、核算之用，就只增烦琐而毫无必要，反而显示出缺乏应有的内部互信和对责任的推卸。我们必须要明白，PIP等只是管理内容的电子化，而不是管理内容本身，是先有管理的要求，后有电子化的落实。电子化的便利、迅捷以及它在数据收集、统计上的极大优势使我们可以对管理提出更精细的要求，但这要以提高效率、效益为前提和根本，而不应当以此增加无助于效率、效益提升的管理要求。否则，将徒增成本和时间，乃至有碍事项的办理和问题的解决。比如将所有物资的采购权全收缴于集团总部，其实质只不过是借着电子化而使揽权和僵化的管理深入更深、更广的范围而已。

第4章

招投标、合同谈判、合同执行中的沟通管理

　　建设项目的阶段,依据角度不同,有不同的划分方法。从合同角度看,我们可以将它划分为招投标阶段、合同谈判阶段、合同执行阶段,这三个阶段的项目相关方都有各自特定的信息需求,因此就需要经过相同的或是不同的信息渠道,从相应的信息来源那里获取对应的信息。无论是在哪个阶段,也无论是哪类组织,充分利用且管好既有信息渠道,根据需要开拓新渠道,由此获得所需的真实、全面的信息,并用好这些信息,都是各方进行信息管理的根本所在。

4.1 招得好供方、中标好项目

在本节中有潜在投标人、投标人、中标人、潜在供方、供方这几个相互关联且相近的名称,现把从潜在投标人成为供方的过程以图4-1所示。

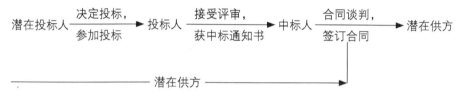

图4-1 从潜在投标人成为供方的过程

在招投标阶段,与项目相关的利害关系人主要有中标人、潜在投标人、投标人三类。因为它们所处的位置和目的各不相同,因此就有了各不相同的信息需求和信息来源。

就建设方来说,在这一阶段的目的是要招得能提供质优而价廉的项目可交付成果和良好项目过程的供应商、承包商、管理服务方等。质优之"质",不仅是指实体、软件和服务的质量,完工时间、安全成效、投用后的运行经济性等方面也包含其中,建设方在此阶段的信息需求及相应的信息来源见表4-1❶。

表4-1 建设方招标阶段的信息需求及相应的信息来源

具体目的	信息内容	信息来源
预测供需市场,复核原有的项目竣工时间	项目投产后所生产产品的目前市场行情、供需状况、同类项目、关联项目情况	价格信息网站、期货平台、期货信息网站、生产厂家、需求大户、行业媒体、研究资料等

---

❶ 本表及本章其他同类表中不含项目内部既有信息,就大型项目来说,可行性研究是选定基础设计单位的主要依据,基础设计则是选定EPC承包商的主要依据,而可行性研究、基础设计都是项目内的既有信息。

续表

具体目的	信息内容	信息来源
确定适宜的项目工期目标、费用目标和质量目标	同规模、同类型已建项目的工期、费用、质量情况，在建项目的三类目标设定情况	已建项目、在建项目、行业媒体、研究资料等
合理确定招标项，合理划分标段	项目建设各类供方的市场资源情况，业内通常做法和惯例	潜在投标人、已建项目、在建项目
确定合适的投标人条件、招标方式、评标原则、评分标准和合同要求	潜在投标人的实力及管理水平，业内通常做法和惯例	潜在投标人、已建项目、在建项目
以评标的认真、公正、客观保证评标质量	评标过程信息	建设方代表
选定最合适的中标人	评标过程信息及评标报告	建设方代表、评标委员会

作为潜在投标人，它的所有工作都是为了就参不参加投标做出正确决策，即是否值得去投标做出正确判断。如果决定投标，就转而成了投标人，投标策略和投标原则也随之确立。潜在投标人的信息需求及相应的信息来源，见表4-2。

表4-2 潜在投标人的信息需求及相应的信息来源

具体目的	信息内容	信息来源
宏观把握项目	项目目的、项目规模及组成、投资额及资金来源、招标项及标段划分	招标公告、招标文件、建设方、各类媒体
判断完成难度，估测实际成本	项目所在地气候及水文地质条件、周边环境及市场资源，建设所需公共设施情况	招标文件、建设方、同一区域其他项目参建方、现场考察

续表

具体目的	信息内容	信息来源
判断完成难度,估测实际成本	项目工期、质量、安全、文明施工等名义上的要求和执行时的实质要求,建设方规定的执行情况	招标文件、建设方及其项目的参建方
获得应得款的可靠程度、预测自身的适应性	建设方的信誉、建设方的项目组织机构、管理模式及管理特点	各类媒体、建设方及其项目的参建方、招标文件
权衡自身投标的优劣势态,预测以我所能报的价、所能做的承诺中标的可能性,做出是否投标决定	评标原则、评分标准及评标、定标的决定因素	招标文件、建设方及已参加过其招标的投标人、本标段其他潜在投标人

注:对单是招标文件就可满足的信息需求,如投标人条件、报价要求,虽至关重要,但来源单一而明确,故未列入

作为投标人,最关键的是争取以最适当的承诺和最适当的报价中标。报价与承诺相关,承诺当然不能低于招标文件的要求,而报价必然有个最低限,除非有特殊目的,否则,它必然要高于承接、完成此项工程任务而发生的直接成本。同时,在正常范围内,报价、承诺与中标可能性之间具有两种相反的紧密关系。如果不考虑承诺因素,在招标人认可的限度内,报价越低,中标概率自然越高,但工程所得利润却越少。因此,需要一个综合考虑了中标概率和利润两方面因素的最佳报价。最佳报价的确定方法如图4-2所示,投标人信息需求及相应的信息来源见表4-3。

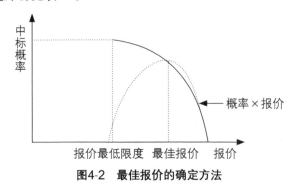

图4-2 最佳报价的确定方法

表4-3 投标人信息需求及相应的信息来源

具体目的	信息内容	信息来源
判断完成难度，测算实际成本	项目所在地周边环境及市场资源、气候及水文地质条件，建设所需公共设施情况	招标文件、建设方、同一区域其他项目参建方、现场踏勘
	工程质量安全、文明施工等名义上的要求和执行时的实质要求，参建方规定的执行情况	招标文件、招标澄清、建设方及其项目的参建方
在报价最低限之上，做出最适当的承诺，提出最佳报价，编制最可能获得评委认可的投标文件	其他的投标人及其可能做出的报价和承诺	建设方、招标同类工程的其他建设方、投标人和评委、研究资料
	除评分标准外，决定评分的其他因素；评委审查评标文件的视角、方法和习惯	

注：判断完成难度、测算实际成本的信息内容占表4-2相应内容相同，但在这一阶段将更为全面。

4.2 不同的谈判，不同的对策

合同谈判分三种情况，一是在完成招标后，二是在流标后，三是不招标而直接进行谈判。其中第二种情况与第三种情况相近，故不单独论之。第一种情况下的谈判发生在将招投标文件转换成合同的过程中，与之相伴的也常有招标遗留问题的解决和建设方补加的一些与费用关联甚少的要求。除此之外，也有少数建设方此时会有压价行为或增加一些直接导致对方成本有较大增加的额外要求，当然，这不符合《招投标法》的要求，是一种不守法的不当行为。第三种情况下的谈判通常是竞争性谈判，即建设方根据谈判情况选定供方，数个潜在供方通过与建设方的谈判来竞争工程合同。当然，在第三种情况下，也可能是独家谈判，此时，潜在供方就只此一家了。

依据第一种和第三种情况的不同，各相关方特定的信息需求和相应的信息满足各不相同，但要遵守同样的三项沟通原则，这些原则在合同执行期间就合同变更进行谈判时，也是要遵守的。

4.2.1　招标后的谈判

在这种情况下，有两类建设方，即遵约守信的多数、意图占便宜的少数。与建设方相对的另一方也有两种，即希望顺利签订合同的绝大多数、反悔的少数。《招投标法》规定，在定标前，招标人不得与投标人就投标价格、投标方案等实质性内容进行谈判，而本节所说的谈判却正是涉及实质内容的。因此，即使建设方有时会在谈妥后才发出中标通知书，但在合规守法的情况下，对方本就应当是中标人，故当我们从建设方角度论述时，也以此称之。

从建设方角度看，如果中标人希望尽早签订合同，自己在谈判中就有了一定的主动权，但也不能就此轻视对方或向对方提出不当要求。反之，如果中标人想放弃中标项目，建设方既不必过度劝喻，也不能去威胁，但一定要使对方明白其不良后果，而对方一旦真放弃中标项目，就一定要使对方承担法律责任或受到足以警示后续投标人的其他利益损失和信誉损失。除直接放弃外，后悔的中标人还有一种"诡计"，即在谈判中向建设方索取一些好处，这通常是基于建设方招标时的漏洞或遗留问题而提出，当漏洞较大、问题较严重时，包括中标人在内的投标人甚至会在投标时就有此意，并将此作为投标报价的考量因素。因此，无论面对的是何种中标人，基于妥当解决遗留问题、顺利完成文本转换的目的，建设方都需要了解、把握对方的合作意向，并就问题的解决，找到双方利益的叠加区域以及它的决定因素，而这些信息从合同谈判前及合同谈判时的直接接触中即可获得。当然，在谈判不顺利时，可能还需要从与对方有过合作的建设方、供方或其同行那里深入了解其经营原则、行为方式和可信程度。

从与建设方相对的另一方角度看，遵约守信的建设方必然会发中标通知书给自己，面对此类建设方，无论通知书何时发出，自己都已经是中标人了。如果建设方是意图占便宜的少数时，则自己还有被建设方不合法地否决的可能，此时，自己就只是一个"准中标人"。作为与建设方谈判的另一方，面对前一类建设方，要在不有损自身重大利益的前提下，表明诚意、展示管理能力，初步建立起信任和良好关系，与对方妥善解决遗留问题、协商遗漏事项，并通过有礼而坦诚的沟通，使对方在少生误解的情况下放弃因为无相关经历、少相关经验而提出的不当要求。这就需要了解建设方此时的关注焦点和权益诉求，了解其决策者的工程建设阅历和经验，了解其谈判人员的思维、交流习惯和风格，这些信息既要在谈判前从与之接触过的人那里获取，也要敏捷而准确地从谈判本身中获取。面对后一类建设方，除以上方法外，还要准确判断能否在自身可接受的让利范围内签成合同，并使让利尽可能小到接近对方的底线。为此，需要掌握的关键信息自然是建设方的底线在哪儿，同时，也要尽可能地了解决定这底线的认识基础、建设方自认拥有的筹码和其中与现实或事实不符之处，由此牢牢把握住那些自己能矫正的部分，以使对方降低底线、缩减期望值。类似地，这些信息既要在谈判前从与之有过往来的，尤其是有过同类经历的人那里获取，也要从谈判本身中获取，但与前一类不同的是，在此，谈判前收集的信息更为重要。

4.2.2 直接进行的谈判

在本节中有潜在供方、备选供方、供方这三个相互关联且相近的名称，现以和建设方相对的另一方角度，把从接受谈判邀请到签订合同的过程以图4-3所示。

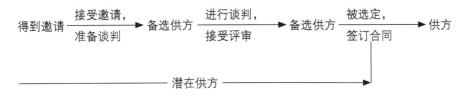

图4-3　从接受谈判邀请到签订合同的过程

毋庸置疑，这一类谈判比招标后进行的谈判重要得多，如果不是独家谈判的话，其分量相当于招投标和随后的谈判之和。但与招投标相比，因为没有细致的招投标文件的明示，也没有澄清答疑的互动，所以彼此信息不对称的问题更为严重。同时，也因为没有了招投标文件那样的细致规定和郑重承诺的法律约束，因此，在通常情况下，除非是简单的中小型项目或是彼此沿袭既往项目或潜在供方只此一家，否则，就不应当通过这种方式来选定供方。而除非是因为沿袭既往而彼此熟知,否则,无论是建设方还是与之相对的谈判对象,都需要在谈判前详细了解供需市场、详细了解对方。此外,后者还需要详细了解项目本身,唯此,才能在谈判时既有的放矢,又能在涉及重大利益的事项上无遗漏、不误判。

对建设方来说,除非是独家谈判,否则,在进入谈判前,选定合适的谈判对象至关重要。为在所能选择的范围内选定最合适的谈判对象,首先需要知道的是自己可选择的大致范围,其次需要知道的是实际可选范围与自己设定的价格上限及提出的项目主要要求之间的关系,并以此对它们进行权衡和适当调整。在选择的过程中,则需要了解各潜在供方的优劣势、可用资源、经营状况、承接意愿、大致的出价区间等。这就需从其他同类项目的建设方、以往的供方、行业组织、行业报道处获取信息,同时,更需要与诸多潜在供方直接接触,这其中自然也包括了将来的谈判对象。

作为建设方,在确定谈判对象且约定谈判后,如果此前对这些备选供方的了解还不够谈判时所用,就需要进一步收集对方信息,尤其是那些与质量、工期的保证能力、出价区间相关的信息,同时,也要使对方应知尽知。为此,除了那些确实是无关大碍的小要求外,一定要把要求提清、提全,对那些对方容易误解或容易忽视却对自己这方或对对方较为重要的事项,要进行足够的澄清和提醒,除了那些因涉及专利技术、因基于竞争考量或因不利于自身谈判而需要保密的信息外,对项目本身的其余信息,要让对方想知尽知。为做好以上这些,在正式谈判前,要将项目情况及要求以文件形式发给各方,并应当组织现场踏勘和统一答疑。

对被邀请去谈判的潜在供方来说,首先要做出是否去谈判的决定,如果决定去谈判,就要争取以合适的价格和合适的承诺赢得合同。这些都需要获得三类信息,第一类是建设方的情况,第二类是项目本身的情况,第三类是建设方对项目和供方的要求。作为潜在供方,在考虑、权衡是否接受谈判邀请时,其需要的第一类信息主要是建设方的诚信度和它在付款上的履约能力。为此,它既要从各类媒体、从与建设方有过往来的人那里了解,也要通过与建设方的直接接触来了解。需要的后两类信息中包括建设方所能接受的大致价格区间,在保证真实的前提下,这些信息详细到足以做出决定的程度即可,它们应当直接从建设方那里或通过现场踏勘获得。

作为潜在供方,在决定接受谈判邀请后,则需要获取与竞争者即其他备选供方相对于自己这方的优劣势及其出价相关的信息。为此,需要从各类媒体上、从与这些竞争者有过往来的人那里了解,同时,也不妨以不违法的方式从竞争者内部或建设方内部获取信息。此外,也需要更准确、详细地了解建设方的要求和期望以及这些要求、期望在建设方选定供方时各不相同的分量。为此,既要充分熟悉建设方发的各类资料,也要在谈判前与建设方人员充分沟通,并在谈判时敏锐地捕获相关信息。

4.2.3 谈判中的三项沟通原则

在建设项目上,除了上述的谈判外,还会就合同变更进行谈判。不同的谈判种类、不同的具体情况,谈判双方的各自利益和其中的共同利益各不相同,所应持有的立场、态度,所应采用的方式、方法也就各不相同。但是,在沟通上,无论是什么样的项目谈判,有三项原则却都是应当坚守的,一是说真话,做出真承诺;二是该隐则隐;三是彼此尊重。

（1）说真话,做出真承诺

不同于单纯个人的言行,在双方谈判中,无论你是建设方还是另外一方,你所说出的、你所承诺的都是代表着你的组织正式向另一方发送的信息,它们既事关谈判基调或谈定之事的实施成效,又事关你在对方那里的信誉和诚信度。因此,你所说的当是你真信的,你所承诺的当是你真要履行的。当然,因为既有信息的局限,你所信的未必就是真的,而因为情况变化,你所承诺的也未必都能实现。但你却不应当借此说假话、空承诺,且不说这关乎道德品质,这也必然使自身的长远利益受损即便是你的真心话、真承诺,但如果后来证明它们偏离事实过多、兑现得过少,那也会显示你的组织缺乏应有的信息收集能力和应有的认真态度,你组织的信誉也必然受损。更不用说在合同谈判中,凡是稍重要的内容,都必然是要落在项目合同上而有案可查的。

（2）该隐则隐

要说真话，并不等于无所隐藏。在谈判中，正应当利用好自己的信息优势，以能在共赢的基础上，使对方形成这样一种认识，即在满足我这一方要求、意愿的同时选择我方，所得仍明显大于选其他方之所得，也大于不满足我方要求、意愿时的所得，以此为我方争得更多利益。

在谈判中，你有隐藏信息的权利，且唯此方能避免对方认清自己这方的全貌。谈判的实质就是在共同利益的基础上争取自身最大利益的过程，这或是努力挖掘更多的、更深、更广、更长远的共同利益，由此把双方之争转为双方同向的共同努力；或是其中的一方或每一方都要让对方给予自己更多的利，此时，一方之所得立于另一方之所失上，彼此处于竞争状态。后一种情况也是在共同利益挖尽后，继续谈判时必然面临的局面，当然，这得失并非就是对等的。在这一竞争状态下，每一方都竭力要让对方明白，我所争之利如不得，其损失必然更大；而其所争之利的代价要大于所得，即"得不偿失"，这"失"或是对方对外的必要付出，或是因为有损于我使我必须要的补偿，而以上这些能否实现，完全有赖于对彼方、己方的透彻了解以及基于其上的谈判攻势。《孙子兵法》云："知己知彼，百战不殆。"对方之"知己"，自己无法掌控，而对方能否知"彼"即知我，却完全在我，让对方知之越多，就越可能会在彼此竞争中失利；反之，则使对方不易从自己这方获利。当然，在此务必注意，对建设方来说，自己这方对项目的要求和项目本身的具体情况不在隐藏之列，因为它们都是项目建设过程中相互合作、配合所必需的信息。

（3）彼此尊重

现代社会，物质上的足够丰富已经使人们越来越倾心于精神追求，商业决策也无不渗入了价值观念乃至性格、情感等因素。被称为美国硅谷"钢铁侠"的埃隆·马斯克在寻求投资时，邀一位投资界大佬一起在美国一个风景胜地游玩数日，期间，他一句未谈投资之事，游玩结束后，却顺利拿到了投资。现今，许多的商务谈判也已不再完全基于纯粹的利益，而是既有合作又有竞争的谈判实质，本就使谈判中的每一方都不能忽视对方的感受和对你方的看法和认识。一个以利、以势相压的谈判氛围，必然在主观上放大利益分歧，缩小对共同利益的认识和把握；反之，一个相互尊重的谈判氛围，既有助于进一步挖掘彼此的共同利益，也有助于以理性、客观的态度对待利益分歧，从而更容易寻找到双方都能欣然接受的方法。因此，尊重对方这一简单的道理就成为项目谈判中的另一项原则。

单就以上三项原则中的"该隐则隐"来说，不招标直接进行的谈判、投标后的谈判、合同执行中的变更谈判，它们各自的情况截然不同，在沟通上应持有的态度和策略也有所不同。

（1）不招标直接进行的谈判

不招标直接进行的谈判，与建设方相对的是各备选供方，除非后者拥有独家的且也是建设方所必需的技术或产品，否则，在现今的买方市场下，建设方具有买家的完全优势，而后者相互之间则竞争激烈。对建设方来说，沟通上的第一要务，就是在谈判前以正式方式将与谈判内容相关的项目要求和项目情况详尽告知对方，对其中因涉及专利技术、商业机密等而需保密的内容，也要对其保密的边界有清晰、确切的描述，并且对这部分也要有明确的报价规定，以使对方足可承受因此面临的不确定性。作为建设方，需隐藏不露的还有其他备选供方的信息、选定供方的决定因素、具体标准、内部过程，而可接受的最高价，则视具体情况决定是否需要保密。不同于招标，这些该保密的信息如被对方获知，建设方就难以使对方在关键事项上真实、全面地显露自己，甚至难以使它们相互间形成充分竞争，若此，就难以选出真正合适的供方了。与之对应的，备选供方则要竭力获取这些信息，以此隐藏关于自己的那些不利于对方选择自己的信息，同时，最充分地向对方展示利于对方选择自己的形象，以能获得合同，并通过对报价的把握，获得尽可能高的价格。

以此观之，对不招标直接进行的谈判，建设方与各谈判对象间的利益竞争体现在由彼此底价所构区间内的价格博弈以及后者因隐藏和伪装而获得合同、前者要使后者露出真容而得以选定最合适的供方。因此，从根本上说，除专利技术和商业机密外，这样一些信息也是建设方需要隐藏的：它们或是不利于使谈判对象相互间充分竞争的，或是使谈判对象易于通过隐藏、伪装而"投我所好"的,或是使谈判对象容易干扰我方评比、选定过程的。除此之外,其他与项目相关的信息则不必隐藏。不同于建设方,在这类谈判中,备选供方则要以公开为例外,即除了精心处理过的或认真掂量过的信息之外,其他的都要暂时隐而不示。作为备选供方中的一员,要全力发挥自身的信息优势,并充分利用这优势精准地把握建设方和其他备选供方,因应而为,若此,就将使自己在既定的内外条件下,显著增加获胜的可能。而这信息优势,既是相对于建设方的,也是相对于其他备选供方的,为此,在守好自己这方情况和既有信息的同时,也要直接或间接地从建设方和其他备选供方那里获取关键信息。某个备选供方信息优势的形成如图4-4所示,图中的A即"某个备选供方",它通过"投其所好"或再加上针对其他备选供方的"出其不意"而获得合同。

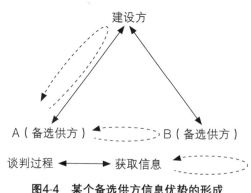

图4-4 某个备选供方信息优势的形成

(2)投标后的谈判

投标后的谈判,因中标通知书的法定效力,谈判内容应只限于招投标时的遗留问题或建设方的遗漏事项,且也不致到了背离招标文件和相应投标文件主要条款的程度,否则,就需要重新招标。招投标的主导者是建设方,因此遗留问题的责任是在它这一方,但是,尽早开工对彼此都有利,且这"利"常会大于谈判时彼此的利益分歧。因此,如果确实找不到共赢的解决办法,而彼此又都不愿意采取迎合方式解决,那么,彼此就应尽快达成折中方案。以此观之,无论是建设方还是中标人,都应当以积极合作为基本的态度。在沟通上,作为建设方，于此之时，对所谈的主要问题或主要事项，仍要讲清、讲全，以利于对方把握，利于其后的落实、实施。而作为中标人，对建设方的提议或要求，在保持与投标基本一致的前提下，也应当坦诚地说出自己这方的看法和满足它们的难易，并以积极的态度促使共赢方案的达成，当然，如果将谈判事项涉及的利益较大，分歧也较大，那么无论是中标人，或是建设方都需要适当隐藏开工早晚与自身利益的关联。

（3）合同执行中的变更谈判

合同执行中的变更谈判，自然也要遵守合同中既有的变更条款，这限定了谈判的范围和内容。从根本上说，在合同执行过程中，双方的正当利益会更紧密地结合在一起。除了那些严重有违公平原则的条款外，通常说来，每一方积极履行义务在利于对方的同时，也会反过来利于自己；每一方义务履行的迟缓或不予履行在不利于对方的同时，也会反过来损害自己。这是基于合同本身应有的设置，也是基于建设项目的固有特性。基于以上原因，在双方利益犬牙交错地相互作用、相互影响的整体态势下，在变更谈判中，在信息沟通上，即使是承包商，也应当以公开为常规，更不必说是建设方了。而就承包商来说，这例外的隐藏主要是两种信息：一是在可争得更多利润的前提下，你这方因变更所增加的成本和与之相关的信息；二是除现场既有资源之外，你还可调动总部资源、外部资源的能力，隐藏以上信息，能维持自己具有的谈判主动权，由此而争得更多的利益。

4.3 义务的履行和对义务履行的监督

从合同的角度看，在其执行阶段，合同中每一方所需要的信息都有两类：一类是与对方履行义务相关的信息；另一类是自身履行义务所需要的信息。无论是哪一类，所需的具体信息不是由对方提供，就是由自己经其他途径获得。

4.3.1 建设方与各供方的信息往来

就建设方来说，举凡供方即与之有合同关系的其他参建方就将做之事需要告知它的或需经它事前审查、批准、备案的，是其所需的计划类信息，而供方就自身已做之事应提供给它的各类报告、记录、通知等，则是其所需的事实类信息。建设方为履行自身义务而需要由供方提供的信息，或是与工程款支付相关的，需要先由供方给建设方提供证明其满足付款条件的有效信息，或是与建设方给供方提供的条件相关且这些条件的提供又取决于供方的具体情况，如由建设方提供的工程材料、设备，需要由承包商根据它自身的进度计划提出具体的到场时间要求。又如在大型项目上，由建设方统一安排的大件吊装，需要由承包商根据建设方的进度要求以及大件设备订货、生产、供货情况提出相应的吊装时间要求。当然，由建设方提供的条件也可能与具体供方无关，此时所需的信息，建设方就可以从他处或只能从他处获得了。

就承包商等供方来说，单纯是建设方有义务提供却与自身履行义务无直接关联的信息，主要就是建设方在付款方面的具体安排。在承包商等供方履行义务方面，其所需信息主要有两类。第一类是建设方要求。建设方的要求自然要由建设方提出，它们或是与项目的最终产品有关，或是针对项目形成中的实体，或是针对形成过程本身，无论是哪一种，它们都应当由建设方在合同中作出清楚而周详的规定，由此成为对方需要给予满足的合同义务。在执行合同时，这些要求或由承包商等供方直接从合同中取用，或先由建设方将其具体化后再向承包商等供方明确。第二类则是供方为满足建设方要求、履行自身义务所需要的信息。如果它们与建设方提供的外部条件相关或与项目本身直接相关，就要由建设方提供。这类信息在E＋P＋C（设计＋采购＋施工）模式的项目上尤显庞杂，如果你是承包商，设计图纸可视为是这类信息，出图计划、设备、材料供应计划、设计和采购的实际具体进展等也都是这类信息。至于那些既和建设方提供的条件无关，也与项目本身无关，却也是供方履行义务所需的信息，如外部各类施工资源情况，建设方就无任何责任提供，只能自己从其他渠道获取了。

4.3.2 监理方与其他方的信息往来

监理方作为目前仍面临一定困境却不可或缺的重要一方，一方面，它只与建设方有合同关系；另一方面，它要根据监理合同对承包商执行承包合同的情况进行监管。由此，监理方、建设方、承包商三者中的每一方都对另两方有着信息需求，而每一方也都有义务将相应信息提供给另两方，建设方、监理方、承包商间的信息往来如图4-5所示。

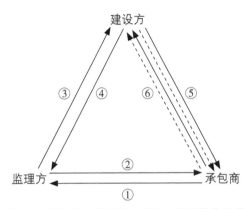

图4-5 建设方、监理方、承包商间的信息往来

作为监理方，在信息需求上，首先就是建设方对承包商的各项要求，这既有在承包合同中详细到可操作程度的要求，也有虽写于承包合同中却受当时已知情况限制而只是原则性或概括性的要求。在后一种情况下，需要结合执行时的实际情况将合同要求予以具体化，此时，建设方或是直接明确，或是对监理方或承包商的提议予以确认、认可。除此之外，监理方还需要有与满足这些要求所需项目条件相关的信息以及承包商履行义务所依据的其他项目信息。以上这些都需要由建设方及时、完整地提供给监理方，如图4-5中线④所示，其中最重要的自然是承包合同、采购合同中的技术附件、施工图纸、建设方于建设过程中发出的各项指令。至于承包商在履行承包合同时遵守、执行的法律法规、规范标准，自然是监理方自己应当具备的。

监理方所需信息的另一大类是承包商满足合同要求、履行对建设方义务的有关信息，如图4-5中线①所示，它们主要源于两个途径。一个途径来于承包商，如承包商向监理提供的各种证明类资料，无论是其所购材料、设备的质量证明文件，还是施工的过程记录、自检记录，或是向监理提交的周报、月报等各类报告，都属于此类。而项目执行计划、施工组织设计、施工方案等计划类文件，既是为满足建设方和监理方事前控制的需要而交它们审查的信息，也是一种证明，即证明它有能力通过合适的计划来完成项目。另一个途径则是监理方的现场查验、核实，这包括了由监理方进行的检验、见证以及由监理方参加的验收等活动，这其实也是监理方获取事实类信息最常用的，也是最重要的途径了。

就监理方需提供给承包商的信息，主要有两大类。一类是具体的监管要求和它就监理工作而需要承包商配合的事，其中也包括了需要承包商提供的那些信息，当然，这不包括法律法规、标准规范、承包合同中明确了的部分，这些主要是通过监理交底和监理会议告知承包商。另一类是就那些由监理审查的文件、验收的实体等，监理要及时而明确地告知承包商这些文件、实体等有无问题、是否符合要求，以使承包商能及时整改或及时往下走。而在验收前，监理方在巡检中发现的问题，也应适时告知承包商，至于在旁站中发现需要整改的过程问题，则要当场告知承包商的在场人员。

监理方需要提供给建设方的信息，在图4-5中以线③示之，它分为两类，一类是与监理方执行监理合同相关的信息，另一类是现场情况以及与承包商执行合同相关的信息，这两类信息中都包含了需要由建设方决定、解决的事项或问题。第一类信息，也分为计划类和事实类。监理规划、细则、旁站方案、监理人员派遣计划等属于计划类的信息。事实类的信息主要是监理方就自身工作提交的各类报告，即监理周报、月报、总结等，将监理通知单抄送建设方，虽然主要是为了向建设方告知承包商违规、违反合同之事，但也有表明自身工作之意。就第二类信息来说，建设方当然也可以直接从承包商那里获得，如图4-5中线⑥虚线部分所示。但基于利益关联的不同和监理的职责所在，较之于承包商，监理方提供的信息当更为真实、客观，除了会议上承包商的汇报之外，监理方应当是建设方获得此类信息的正式来源。也正因此，由承包商报建设方的各类文件除非因事项与监理方不相关而由承包商直接正式提交给建设方，否则，都要先经监理方核实和审查，再由监理方报给建设方，从这一角度看，这些也应当视为是由监理方提供的信息。就第二类中那些单由监理方收集、整理的部分来说，它们也常是以监理周报、月报、总结方式提供给建设方的。除此之外，监理方也会以工作联系单和会议等方式向建设方提供这方面信息，当然，以上这些都是就正式的信息渠道而言的，非正式渠道的信息如面谈、电话、邮件等，方式多种多样而不拘一格。

建设方向承包商提供的信息，如果是在监理的业务范围内，应当由建设方先提供给监理方，再由监理方提供给承包商，但在特殊情况下，建设方也可以直接向承包商提供。这特殊情况，或是时间紧迫而来不及经监理方再传递给承包商，或是事项复杂经监理方就无法准确传递或准确接收，但它也只能是非正式的信息传递，如图4-5中线⑤虚线所示。另外，鉴于这容易对监理工作造成或大或小的干扰，因此，如果是因为时间紧迫而不得不如此，事后还应当向监理方通报，如果是因为事项复杂，则应当同时向监理方提供这些信息。

监理业务范围常不能覆盖和包含合同的所有内容，就监理业务范围之外的内容，建设方、承包商彼此之间就形成了直接的信息往来关系，这就是图4-5中线⑤、线⑥实线部分所示。

4.3.3　E＋P＋C模式下信息往来的五方关系

在EPC模式下，与建设方具有合同关系的主要参建方只有监理方和承包商，而在E＋P＋C模式下，与建设方具有合同关系的主要参建方则有监理方、设计方、施工承包商、材料或设备供应商，由此在信息需求和信息提供上，形成了或正式或非正式的五方关系。E＋P＋C模式下五个主要参建方的信息关系如图4-6所示。

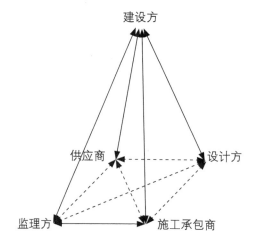

图4-6 E+P+C模式下五个主要参建方的信息关系

由图4-6可见,只有建设方与其他四方之间都具有正式的信息往来关系,在此的"正式"之意指其具有的行为效力和法律意义。除此之外,其他四方相互间也只有监理方与施工承包商之间具有这种正式关系,而这有赖于监理方被委托、授权的角色,剩余其他方相互间的信息往来都是非正式性的。当然,如监理方的监管范围从施工扩展到设计和制造,监理方也就与设计方和供应商之间具有了正式的信息往来关系。

建设方与供应商之间是买卖合同关系,但是在合同执行阶段,建设方与供应商之间也有许多信息交流,尤其是当合同标的是非标设备。除了因执行合同本身而需要进行的信息交流外,彼此对对方执行合同的监督,因对方执行不力或未履行义务而向对方提出的要求或索赔,双方就合同问题或遇到的会导致合同变更的事项所进行的协商等,也都含有大量的信息交流。

建设方与设计方在设计合同执行期间的信息往来,除了与设计费申请、支付相关的内容外,在基础设计阶段还有建设方向设计方提供的基础性设计输入条件,如气象、水文资料,地质勘查资料,如项目交付物具体功能、能耗指标、所产产品品种、产量、性能指标。其中的一些信息因为完全融入基础设计中而止于此,但还有一些信息会在详细设计阶段仍直接发挥着作用。在详细设计阶段,建设方更会提出诸多局部性、细节上的具体要求,同时,设计方也会就这些要求的明确,要求中不符合设计规范、不符合常规常理而难以满足的部分与建设方多有沟通。除此之外，还有设计方与制造商经建设方进行的相互提资、反馈，这些都构成了两者间特有的信息流。

就设计方与供应商之间来说，材料、设备是由供应商根据采购方即建设方提出的技术要求供应的，这些技术要求的依据是设计方出的技术规格书、设计图纸等设计文件。而钢结构、非标设备等，则常需要由供应商即制造商再进行深化设计。单就材料来说，除非是新型的或有特殊要求的材料，否则，因都有成熟的制造、验收标准，无论在制造过程中，还是在备货过程中，按合同内容执行即可，都不再需要额外的设计信息。但对于新型的或有特殊要求的材料，就并非如此简单了。对于大量的非标设备，除了设计交底和总体性的澄清外，在制造过程中，也不乏需要由设计澄清、明确、解决的事项和问题，同时，设计方也需要那些由制造商决定的设备详细信息，以作为进一步设计的依据，如设备基础、工艺配管、电气、仪表接线等方面的设计。所有这些信息如果都先经建设方中转，显然不太现实，所以彼此的直接接触必不可少，由此就产生了较多非正式的信息往来，但这又带来了信息的有效性问题。虽然不同于监理方因代理人角色而具有了与承包商建立正式信息渠道的正当性，但基于制造商与设计方之间往来信息的复杂、繁多，两者相互间可利用便利的电子邮件等形式形成一种半正式的信息渠道。两者间往来的邮件也都同时主送建设方，三方约定，建设方在规定时限内未回复，即视为同意，也视为是由建设方向另一接收方发出的正式信息，由此形成贯通了建设方、施工商、设计方的三角形结构的信息渠道。

无论是施工方还是监理方，它们与设计方之间，都既无合同关系，也无监管、被监管关系，但因为必然有的设计服务，它们之间必然会有直接接触。这首先就体现在设计交底和图纸会审上，当然，这是由建设方组织的，而在其后，施工方、监理方也必然会就新发现的设计问题和可能要通过设计解决的现场问题需要与设计人员沟通，在像石油化工工程等复杂项目上，更是如此。除非建设方有足够的人员深入其中，否则，它们相互间必然要有直接沟通。当然，这些问题都是非正式的，而任何的设计变更，都要经建设方批准，任何的设计确认，也都要经建设方传递，由此，可将此前的这些非正式沟通视为事先的铺垫或准备。

施工方、监理方与供应商之间，同样既无合同关系，也无监管、被监管关系。就非正式沟通来说，即使是设备，除非施工与设备本身关联复杂，如特殊结构中电梯预埋件的设置，或设备于场内运输和卸车所需条件苛刻且属于现场交货合同的，如大件设备，需要供应商也即制造商提前到场交代或到场了解，其余的，至少在设备到场前，供应商不必到现场，它通常也不需要从施工方、监理方那里获得什么现场信息。施工方、监理方需要供应商提供的信息，除了以上所述以及因其材料、设备特殊而需要的特定施工方法或检查、检测手段外，主要就是到货时间了，因为这对施工安排具有决定性的影响。就那些对重要进度节点的完成具有举足轻重作用的设备或特定材料，为了做到心中有数，施工方、监理方可能需要直接从供应商那儿了解库存现货量，了解生产安排和实际生产制造进度以及在生产制造及供应上存在的内外风险等。这些信息将使施工方、监理方在制订或审查施工进度计划时足够全面且有足够的前瞻性。自然，为确保其准确性以及更为重要的有效性，应当向建设方求证或要求建设方正式提供相关信息。作为建设方，它当然有义务向对方提供这些信息，但其全面、详细程度常有限，多是只达到不有碍对方完成合同任务、实现合同目标的程度。从目前的现实看，这些显然都无法完全满足施工方乃至监理方所需，在其不及处，就只能使用非正式信息了，这在具备了足够的前瞻性和全面性的同时，也必然要承受信息失准、失真的风险。

4.3.4 各方间的相互配合

不同于出厂的产品，建设项目的可交付成果是一个个具有唯一性的独特产品。这个独特产品是由多个参建方共同完成的，既需要由建设方提出总体要求和诸多具体要求，并由它办理与项目直接相关的所有外部事项，协调、处理与它签有合同的各方相互间所有的界面关系和相应事务，同时，也需要各承包商按建设方要求完成设计和采购，需要各供应商按要求提供材料和设备。这些材料、设备又需要由承包商通过施工将其转化成项目实体，在此期间，建设方及它所委托的监理方或其他管理方要对这些过程进行管控，以能及时纠偏。项目具有的完整的系统性则使得各个参建方只有将各自承担的局部与项目整体紧密连接起来,方能使项目的系统性、整体性的要求得到满足,从而使项目获得成功。为此,就需要项目各参建方相互间紧密配合。

在建设项目上,我们可以把这些配合之事按其内容分为信息、实体或软件、行为三类。信息类,即向相关方告知自己这方的事或其他由自己这方负责提供的信息,使对方据此做出下一步安排。如监理告知承包商自己的查验结果或资料审查结论,当然,后者一般是通过对资料的签批完成的。如建设方向其他参建方提供后者为完成合同任务所需要的且与项目本身直接相关的外部信息。实体或软件类,即实体或软件的提供。其中的实体或是工程材料、设备,或是施工结果,接收实体的另一方以此完成属于它自身的合同任务。行为类,一方面,是时间上的配合,这或是各自在彼此关联的作业上相互衔接,以此保证总体计划,或是某类公共资源一时无法全部满足时统一安排的先后顺序。如在大型项目上,集中防腐厂的防腐、集中搅拌站的混凝土供应、无损检测单位的检测、实行一体化管理的大件吊装;另一方面,是一方为另一方提供协助性工作或完成协助性任务,如由施工承包商负责设备到场后的卸车。无论是这三类中的哪一类,如果事项常见、问题明显或所涉及的利益重大,必然要写入与建设方的合同中,反之,则在合同中大多只做原则性约定。写入合同的,配合质量取决于合同执行力,未写入合同的,配合的质量就主要取决于配合者的合作态度和相互依赖程度了。但无论如何,它们都在不同程度上决定了项目能否顺利推进,能否顺利实现既定的项目目标。

在这三类配合事项中,信息与实体或软件、行为相互间也并非泾渭分明,其中的信息统领着另两类。因为后两类的配合,也都需要通过信息的交流方能做好,如果沟通不良、交流不畅,在这些需要配合的事项上,就无法及时获得必要信息,就会因为缺乏了解或不能准确判断而无法正确选择和决定,由此,或是事与愿违,或是停止待信。同时,将导致各方在认识或行为上的不一致、不协调,乃至相背离,并使各方人员相互隔阂或心存芥蒂而没有了精神和感情的维系,彼此间也就少了足以抵御冲突的减震器和缓解生涩、磨损的润滑剂,进而对项目进程构成较大不良影响。

沟通对于各方间的配合成功如此重要,那么,如何在需要相互配合的事项上，做好沟通管理呢？除了那些通用方法外，还要结合建设项目特点，做到以下几点。

(1) 遵循渐进明细这一原则

渐进明细是项目计划活动中的一项基本原则，它是基于信息会随着主体事项的临近而越来越全面、越来越准确这一规律之上的。无论是在信息收集上，还是在信息提供上，都要遵循此项原则。

从项目启动到项目竣工，在其内任一个时间点上，所有项目事项或是还没有开始做，或是正在做，或是已经完成。在还没有开始做的时候，会有一段时间是在计划和准备，在事项完成后，它的结果就构成了项目既有的一部分，这一事项的信息由此融入到项目的既成事实中且随着项目一同继续向前。某事项信息融入项目既成事实中的这一过程如图4-7所示。

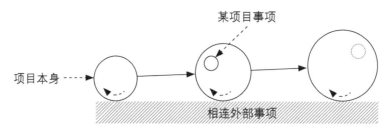

图4-7　某事项信息融入项目的既成事实中的过程

无论是事项的计划、准备还是事项的进行过程，当事人都需要与之相关的信息。当事项正在进行的时候，可获得的信息通常是最多、最准的。在此点前，距之越远，也即越早，可获得的信息就越少、越不准，但与此同时，计划和准备所需的信息也越为宏观，并且可以根据信息的可获得情况来调整、细化计划和准备。因此，无论是信息的收集还是信息的需求，都同样具有渐进明细的特点。由此，在彼此关联的事项上，从对方计划、准备时起，负责前置事项或是主动关联的一方即要给它陆续提供渐进明细的信息。提供给对方的这些信息也应当是它当时确实需要的，对于现在不需要而将来需要的信息，为避免给对方造成不必要的信息负荷或为避免因将来情况变化而使信息失真，就不应过早提供给对方。反之，如果现在可获得的信息还不能满足对方需要，就必须及时向对方如实反馈，以使对方据此评估风险、做好应对。为做好以上这些，需配合的相关方就要清楚了解彼此具体的信息需求及所需信息的翔实程度。

(2) 需要配合的一方，要主动而合理地提出具体要求

这配合的要求，既包括具体配合之事，也包括相应的时间要求，当然，除非是监理方和承包商之间，否则，提出要求的正式渠道都是要经由建设方的。在配合事项上，需求方的主动必不可少，这是需求方不言而喻的义务，你不提出，即可视为你不需要配合或是已获得满足。

提出要求的时间点和时间要求本身也都要合理，以给对方足够的时间，尤其是前者，更需注意。提出得过晚，或使配合的时间、质量无法保证，或无端地使对方费用增加，也正因此，除非外在事态的变化使具备应有管理能力的承包商无法在正常的时间点提出要求，否则，就要由它自己来承担后果，也唯此方法能避免它靠这掩盖自身内部条件未按时具备的问题。在时间要求上，就条件方面的配合事项来说，有意超前于实际需要的时间也是承包商的"惯用伎俩"。常见的是承包商向建设方提供的材料、设备要求的到场时间过早，这使建设方增加了闲置成本，甚至加大了资金压力，承包商的这种做法常源于对无法按时满足的担心和相应的疑虑。但建设方可能被骗一回两回，以后就难再信你了，由此非但起不到想要的保证作用，反损害了建设方对自己的信任，相互的沟通、配合效率随之大为降低。由建设方自己提供的重要配合事项，应当与对方在合同中约定要提前多少天提出具体要求。在合同执行阶段，要细致审查对方提出的时间要求，必要时，要求对方提供相应的依据，以尽可能挤出水分。在自己这方按时满足对方要求后，如果发现时间仍严重超前，且对方现在再拿不出什么合理的理由来解释自己的时间要求，那就要使对方承担相应的责任。另外，还要对时间要求的严肃性和重要性予以足够强调，以消除对方以往的不当认识和做法。同时，自身要积极履行合同义务，并做好对对方的过程监督和追责。

有些配合事项简单且不重要，一说便知、一说即可，有些则较为复杂、较为重要，对此，作为需要配合的一方，为表达明确，更为事后责任界定清楚，要以正式的书面形式就具体配合之事的具体要求、注意事项告知监理方以

及合同另一方,并辅之以口头上的详尽交代,在这一点上,尤其要注意避免沟通不足,对此,要将可能的不足以必然对待,对于更为复杂且重要的配合事项,要敦促建设方组织各方进行专题研究后明确。

(3)各方都要就配合之事主动沟通,并及时提供充分且必要的信息

在稍具工程复杂性的大型建设项目上,这一点尤为重要。在大型项目中,会有多个承包商与建设方具有合同关系,如果项目又稍具复杂性,各方界面自然较多且常是犬牙交错、深度互嵌,加上项目的时间约束,必然有实施主体不明或责任归属不清的地带。这些地带,常是事先无法考虑清、无法事先策划好的,如果彼此又都没有沟通上的主动性,而是袖手旁观,事项就得不到处理,乃至使原本的一桩小事最终演变成阻碍项目的大问题。

对此,一方面,有配合需要或有信息需求的一方基于履行义务需要,必须主动沟通,对那些关系到实现自身项目目标、满足合同重要要求的配合之事,自己这方也要对提供配合的一方在对应事项上的进展情况进行跟踪了解,如施工承包商就设计出图进度、设备制造进度,或是通过建设方进行了解,或从建设方那儿要得非正式权力后由自己这方直接跟踪。当然,就所发现的问题,只有经建设方才能正式向对方提出解决的要求。另一方面,需要配合的一方也不可能掌握提供配合的一方现在的详细状况、具体的安排和拥有的具体信息,而这些却可能正是前者所需要知晓的。因此,作为提供配合的一方,如果这配合对对方甚为重要,就应当把自己这方相应的情况及时告知对方,告知方式既有正式性的,即通过建设方的,也有非正式性的,即直接与对方接触的,由此相互间就配合事项形成主次、正辅并行不悖且有机结合、顺畅高效的不同信息传递渠道。

沟通的充分对保证配合的质量至关重要,但在信息的提供上,还要注意其必要性。凡事过犹不及,如果提供给对方的信息超过所需太多,必然会无端消耗对方的注意力,甚至造成接收上的超载或使用上的紊乱。在这一方面,有一个类似笑话的真实故事。大概在十年前,美国用于收集情报、打击恐怖主义的无人机在一次完成任务返回后,竟然因为信息超载而无法读取任何信息。信息超过需要也无益于信息提供方,因为它浪费了自己的时间和资源。因此,我们提供给对方的信息，既应当是充分的，也应当是必要的，为此，建设方应组织各方就信息需求和信息提供做出约定。当然，不可否认，即使事先有约定，但有时也难以把握好"度"，对此，就只能以宁多勿少、宁高勿低的原则来提供信息了，唯此方能避免提供给对方的信息不足。但是，无论如何，我们都要避免仅仅是因为自身辨识能力不够或彼此沟通不足而导致的信息过度。

（4）信息提供方要尽可能将正式、非正式信息区分清楚

在基于互利而发生关系的独立法人之间，信息的正式与否既关系到信息提供和信息使用的效率和效力，也关系到彼此的权利义务。建设项目，各方相互配合的事项繁多，往来信息因此更为庞杂，此点也就更为重要。信息提供者如果不注意正式、非正式的区别，将本应当是非正式的信息以正式信息的形式提供，就会既挤占了正式信息渠道，又无端消耗和浪费了正式渠道的资源，并使信息的传递无法达到应有的效率。这资源既包括形成、发送、接收、传递正式信息的人员，也包括居于更重要位置上的信息最终接收者。反之，如果将本应当是正式的信息以非正式形式提供，就将使信息失去应有的效力，乃至产生法律性质上的问题。

信息提供方的这种不当行为，如果不是因为分辨不清或未认识到区分的重要性，就是基于它自身的利益。当它想逃避信息的质量责任时，常会把本应是正式的信息以非正式形式发送。对此，它应当明白的是，就已明确的信息义务来说，如果以此逃避了质量责任，那就有了常是更严重的不按时提供或未提供信息的责任。

当它想避免对方追究它不提供信息的责任时，就常会把本应是非正式的信息当作正式信息来提供，对此，作为信息提供方，要明白"误人即误己"的道理。单纯为自身考虑而将过多的不重要信息以正式形式提供给对方，在给对方造成困扰的同时，也消耗、分散着对方对你的注意力，这将导致在那些你需要对方配合的事项上，配合的效率降低或配合的效果变差。当然，在大型而复杂的项目上，作为信息接收方，为避免此类情况泛滥，要通过事先约定来施加外在的约束，而不能让对方"随意而为"。

有的时候，信息提供者的确无法准确判断信息应当是正式的还是非正式

的，对此，信息提供者要保证充分性，即以正式信息对待，但是，供需双方应当最大限度减少此类情况。对于大型而复杂的建设项目，双方应当事先尽可能清晰地约定判定的基准和基本方法或是形成正式信息的条件。从信息提供方的角度看，凡是能使自身免于被索赔或免于被对方以组织名义追究责任的信息，以及能使自身据此索赔或以组织名义追究他方责任的信息，都应当是正式信息。除此之外，除非对方要求，否则，都可归入非正式之列。同样地，信息接收方对信息正式、非正式的划定必然也是基于对它自身利益的维护，但鉴于信息提供的主动权在提供方，因此，接收方必须事先就此主动向对方正式提出要求或与之作出正式约定。无论如何，在项目参建方之间，至少以下几类信息应当以非正式形式提供。第一类是那些作为发送正式信息的佐证性或印证性的信息；第二类是背景性的信息，那些以正式形式提供的本体信息本也够对方履行相应的义务，但在此之上，为了有助于对方做出更好的选择或决定，或许也需要这些背景性的信息；第三类是用于准备的"先遣性"信息，这准备或是精神意识上的，或是个人自我安排上的，或是组织据此有所准备且即使信息不真实损失也较小的那些信息，这类似于事先的吹风。其实，以上这三类信息正是非正式沟通的意义所在。在正式信息、正式沟通外，这些大量非正式信息、非正式沟通填充、穿插其间，对信息接收方来说，或是使它能对正式信息的真假、偏全做出判断，或是辅助它做出更好的选择和决定，或是使它在事项来临时已有准备而处变不惊、应对自如。

最后需要说明的是，信息正式与非正式的划定也与彼此相互间的信任相关联。在一个组织内，成员之间的信任度越高，正式形式的信息就越少。同理，两个组织彼此越信任，相信对方能按要求提供且不会因正式、非正式差别而推卸、逃避应有责任的信息范围也就越广，相互间需要以正式形式传递的信息就越少，乃至剩下的仅是昭示自身作为提供方郑重以待的那些信息或是接收方通过要求以正式信息形式提供来矫正对方因利益所致偏离的少数信息。

（5）及时而彻底地解决配合中的问题

项目各方在相互配合的过程中，如果遇到了或产生了问题，无论问题是出在需要配合的一方，还是出在提供配合的一方，作为责任方，都必须妥当且及时、彻底地解决。

及时性的要求，当然是基于项目具有的时间约束和明显的系统性特征，彻底性的要求，亦是如此，同时，这也是基于在配合上常有的沟通通病和沟通障碍。配合上的问题如果解决不彻底，其遗留部分常又生出更多或更严重的新问题，甚至在我们所能预想的范围外引起连锁反应。有的时候，这也使相关方得以借此掩盖自身问题、推卸自身责任，甚至先佯装不知、默不作声，如果建设方又想当然地以为问题已经解决，随着事情的演变，真实情况就越来越难理清了，最终，当事双方得利，建设方却因此受损。当然，即使它们无意借此推卸责任，也可能会因为沟通不足或沟通障碍而使彼此都在等对方，问题、事项就此搁置，时间就此流逝，直至拖到了某个时间点或是其中的一方或建设方发觉不正常而主动询问时为止。配合上的问题解决得如何，直接关系到项目是否能够顺利推进，能否顺利实现项目目标。因此，作为建设方，要通过合同和宣导，使各参建方对其的重视程度高于各自那些仅限于内部的同类、同层级问题，同时，对发现的问题，要积极敦促、紧密跟踪、严格监督，以使之获得妥当、及时、彻底地解决。

（6）建设方要发挥主导性作用

各参建方的相互配合事项，除非是临时协助，否则，都发生在各自合同任务的界面上。因只有建设方与其他所有各方均有合同关系，因此，除非有居于其他各参建方之上的项目管理方，否则，建设方必然成为责任链中最关键的中心环节，也必然成为相应信息的汇聚点和发散地，也正因此，建设方在相互配合的事项上必须发挥主导作用。为此，建设方要通过合同设置对相关方在这方面的不良行为形成有力约束，同时，对因为配合而发生费用的一方，或是在选择供方时就使包括其在内的各潜在供方在报价时就做足够考虑，或是在合同中就此约定能保证其一定利润的计费原则。此后，则是对合同的严格执行和严格监督以及对合作态度、合作精神足够的宣导，同时还要有积极有效的过程监管和必要引导。对应当以正式方式接收或传递的相应信息和相应实体，则以接收人或移交人的角色接收、移交，并做好必要的确认，只有这样，才算是发挥了建设方应有的主导作用。

第5章

各项目部、各总部之间的沟通

无论是施工承包商、EPC承包商、大型项目引入的混凝土集中供应商、集中防腐承包商、大件吊装承包商等,还是建设方、监理方、PMC(项目管理承包商❶)等,它们都要在项目上建立起自己的项目部,而各项目部相互之间、项目部与其各自总部之间、参建方总部之间都会有着或疏或密的相互沟通或信息交流。

---

❶ 因为PMC属于项目管理业务,因此,除本处外,凡本书中出现的"承包商"一词均不含PMC之意。

各项目组织、各总部之间的多种沟通关系如图5-1所示。

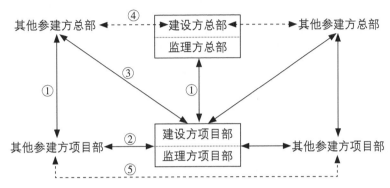

图5-1 各项目组织、各总部之间的多种沟通关系

图5-1显示了五类沟通关系，这五类关系及相应的主要沟通事项见表5-1。

表5-1 五类沟通关系及相应的主要沟通事项

类别号	沟通关系的双方	前者主动沟通事项	后者主动沟通事项
第1类	各参建方项目部和自身总部	申请资源、请求支持、接受监管、汇报项目情况等	明确要求、提供资源、给予支持、进行监管等
		彼此就总部进行的项目工作进行沟通	
第2类	建设方/监理方项目部和其他参建方项目部	明确要求，需对方配合之事，提供条件，进行监管、验收、付款等	条件要求、需对方配合之事、接受监管、申请验收、申请付款等
第3类	建设方项目部和其他参建方总部	由后者完成的项目工作，提出项目要求，解决项目问题，就项目实施进行交流	由自身完成的项目工作，解决项目问题，就项目实施进行交流
第4类	建设方总部和其他参建方总部	就项目实施进行交流	就项目实施进行交流，反映项目问题
第5类	建设方/监理方外的其他参建方项目部	与项目上的界面关系相关的事项	

在这五类关系中，常见的是参建方项目部与自身总部之间以及建设方、监理方等的项目部与其他参建方项目部之间的沟通关系。因为项目部要完成项目任务，必然要与总部进行紧密的沟通，而无论是哪一方，其项目部也必然都是它负责项目的正式组织机构。建设方及监理方等的项目部或建设方的总部与其他参建方总部间则存在着并不常有但却更为重要的沟通，因为与建设方相比，其他参建方履行好合同义务，需要更多地依赖于总部。

下面就第1类即各参建方项目部与自身总部之间，第2类、第5类即项目组织之间，第3类即建设方项目部与其他方总部之间，第4类即建设方总部与其他参建方总部之间的沟通予以论述。鉴于任一个项目部的内部沟通与以上的第5类沟通具有一定的相关性和相似性，故在此一并论之。

5.1 项目部与自身总部间的沟通

各参建方项目部与自身总部间沟通的主要事项如表5-1中第1类所示内容。鉴于总部给其项目部提供足够的资源和支持是做好项目的根本前提，而这又因此成为项目部主动与总部沟通的最重要事项，因此，以下主要以此论之。当然，其中所讲的多数道理同样也适用于项目部在接受总部监管的过程中与后者进行的沟通。

无论是哪一方的项目部，为获得总部足够的资源和支持，都需要以自身的尽职尽责和较强的整体效能作为赢得总部信任的基础，同时，也需要与总部作有效的沟通交流。当然，这既要利用好沟通艺术，也要做好信息管理。要做好这种内部沟通，项目部要做到以下几点。

（1）**先要确定好沟通的事项和内容**

项目部要与总部进行沟通的应当是项目部无法完成、无法解决却又必须完成、解决的事项和问题，其中的"无法"是指项目部将自身权力用尽、职责尽到而仍不能完成、不能解决的。同时，项目部也应当让总部相信自己能以节约、高效的方式利用好总部提供的资源和支持。

（2）要与总部的项目目标或整体利益一致

要做好这种内部沟通，还要保证你申请总部为项目所做之事与实现总部所定的项目目标或与组织的整体利益相关联，否则，你就很可能无法说动总部，从而使你达不到目的或使你不得不去说谎。而与总部所定的项目目标或与组织整体利益不相关，就说明这只是与项目部的小利益相关，甚或只是与你的个人私利相关。

（3）坚守不说谎这一通用原则

诚信是营利性组织在发达的市场经济中获得发展的必要条件，而在一个组织内部，谎话更容易被识破和揭穿，同时，也更无法容忍那些基于不可告人的目的或因为对对方的过度不信任而说的谎话。因为保证基本的真实是一个组织对作为其运行基础的信息流提出的最低要求。以上道理，对项目部与其总部之间的沟通，也同样适用。

（4）通过事实来引导对方

项目负责人与总部人员沟通时，不能说谎，但却可以以事实来引导对方。即就同一事实，以你的角度、认识和感受扭转对方原有的角度、认识和感受，从而改变对应事项在他们心中的轻重缓急，进而从总部获得足够的支持和理解。现今资讯、信息传播如此充分和迅捷，歪曲或否认事实会越来越快地被识破，而认识和感受却不存在能切实判定真假的外在依据。正如英国《金融时报》总编辑莱昂内尔·巴伯在2016年度报告《2016年如何改变了民主》一文中引用CNN（美国有线电视新闻网）评论员的话："每个人都有办法按照自己的方式解读，把一件事认定为就是事实，或不是事实，遗憾的是事实这种东西已经不复存在了。"这种现象被称为"后真相时代"。当然，你的引导不能严重背离自己真实的认识和感受，否则，就是恶性的渲染了。

（5）适当选择不说

项目负责人与总部沟通时，不能说谎，却也可以选择不说。虽然从根本上说,你的正当私利、项目部的正当利益、总部的整体利益不能不一致,否则,就是致命的体制问题。但在表层上,却难免存在着不一致,而有的时候,即使在这些表层的事项上不存在利益的不一致,但当你将已知情况和盘托出时,总部人员也可能会因当时的冲动、短视或压力而做出不公正、不妥当的决定。因此,就那些说出来不利自身的信息,未尝不可以隐而不说。它们或是项目的不良情况,且是管理所致,或是项目的良好情况,且与管理不相关,隐瞒前者是为避免总部的追责、考核或监督的加强,隐瞒后者是为从总部获得更多、更好的资源和更多、更好的支持、配合。但是,在此,要保证三点。一是不被"揭露"或即使被"揭露"也因时隔日久而被冲淡;二是不能因此对项目有较大的或对总部有直接的不良作用,否则,你是为一己之私或为你的局部而罔顾组织之利;三是你不能使对方即总部的相应人员因你的隐瞒而违背了他自己的原则或受到牵连。另外,对无法回避、转移而必须正面回答,且从一般的逻辑或基本的常识即能推断出你本应知道的情况,还是如实相告为好,并要以充分而良好的沟通尽可能地获得总部的理解和信任,除非你以坚称"不知道"或"忘记"来避免说出更有损自身利益的更多事实。

作为项目负责人,无论如何,你都不能越过那范围本就狭窄的适度的边界,否则,你的引导和你的不说就会变质为渲染类的谎话和恶意的掩盖,若此,你在总部的信任度终有一天会骤然直降,尤其是在文化优秀的组织内,更会一坠到底。另外,在不越界的同时,你还要保证出发点的纯正,即你应当基于项目组织或成员的正当利益,而不是基于个人的非正当私利。

虽然项目部以其自身角色有有意引导或隐而不说的理由,但作为总部,无论是项目部的主动沟通还是自身的主动沟通,也无论是给项目部提供资源和支持还是明确要求和进行监管,都要站在全局和整体的角度和高度,妥当应对项目部的隐而不说或有意引导,尤其是涉及重大之事或是彼此表层利益明显不一致的事。为此,要做到两点一是要有其他的信息渠道和多种角度的认识途径,以确保了解和认识的全面、深入。有其他信息渠道,即信息来源要多样化,包括至为重要的实地核查、核证,从而避免偏听偏信。不同角度的认识途径,即多方听取、多方征询。二是一旦发现项目负责人因此而损害了项目的或总部的整体利益,就必须严肃追究其责任,使其本人及其他项目负责人因而不敢随意渲染和隐瞒，这也正是你为维护整体利益所应做的事。

项目部之间及其内部的沟通

各项目部之间的沟通关系，主要有两类。一类是建设方、监理方项目部与其他参建方项目部间的沟通关系；另一类是无合同关联的参建方项目部相互间的沟通关系，对应的沟通主要事项如表5-1中第2类和第5类所示内容。

因为建设项目的特点，与运营活动中供需方之间的信息往来相比，各参建方项目组织间的信息往来要密集得多。除了与工程要求相关的沟通、与监管、验收相关的报审、备案外，还有与相互的配合、协调以及条件要求、条件提供等相关的沟通。在任一个项目部内部，其上下左右之间的沟通既与之相关也与之类似，为此，就有大量的过程信息需要在各项目部之间以及在项目部内部进行传递、告知。

因为项目的整体性以及项目各部分、各方面的紧密关联，这些过程信息，就各方而言，除了有益于当事方或首先拥有它们的项目部，其中的相当一部分信息也是其他项目部所需。前者将信息提供给后者，或使后者直接受益，或使后者能够履行好它的某项合同义务，或有助于后者满足它的合同目标要求。就某个项目部内部而言，相对于当事人或首先拥有这些信息的某个岗位，这些信息常是其他岗位人员所需，前者将信息提供给他们，或有助于他们更好地完成自身工作乃至这信息本就是他们完成某项工作所需，或与他们个人的正当利益紧密关联。这些信息相互的及时传递、告知，将避免其他参建方以及自身的组织和成员无谓的成本付出，并在创造、获取自身合理利益的同时，有助于他方或他人创造、获取自身的合理利益。

从整体上看，任何缺乏全局性的局部行为如果不是低效率的，就是负作用的。若要局部行为与整体相契合，除了要保证局部行为者的正当利益与整体利益相一致之外，局部行为者还要能及时获取整体性的以及其他局部上的信息。当整体是指一个项目时，这有赖于包括建设方在内的各参建方相互间的信息传递或信息告知。当整体是指某个项目参建方时，这有赖于这参建方总部与其项目部之间以及其项目部内部上下左右间的信息传递或信息告知。

就各项目部相互间的沟通来说，主导者当然是唯一与其他各方均有合同关系的建设方或是由它委托进行全面、全过程管理的项目管理方❶。作为建设方，需要全面了解每个参建方在履行合同义务、完成项目任务时相互的关联以及为此所需要的其他方信息，其中也包括只由建设方掌握的项目信息。并就此组织各项目部尽可能详尽地约定相互的信息需求内容及相应的详略程度、信息的载体、提供的时间、途径等。为做好此事，建设方要充分利用其他各方丰富的专业经验和充分的主动性。单就信息途径来说，除了监理、监造、项目管理方与对应的承包商、制造商之间可直接收发正式信息外，其他各方彼此间的正式信息往来都要经建设方。当然，也可约定将信息同时发给信息需求方和建设方，建设方在时限内未回复，即视同它是由建设方发出的。除事先考虑周全并作出妥当的约定外，建设方项目部还要在项目上树立这样一项原则或形成这样一种行为规范，即当某一方的行为将影响到其他方履行合同义务或影响到其他方的正当利益时，除非存在明显的利益冲突，否则，它都应当就此告知对方，对其中较重要的，则必须同时告知建设方。作为建设方，如果做到了以上这些，并在此之前通过合同设置和合同执行确保各方在正当利益上不产生较大冲突，再兼有每个参建方就信息隐匿被对方发现使自身信誉和相应关系受损的考量，若此，各参建方项目部在这类信息的沟通上就不会存在大的问题了。

就某个参建方项目部内部来说，无论是作为项目负责人，还是作为其中某个组织单元的负责人，凡是他因这岗位而获得且是下属做好工作或获得正当利益所需的信息，无论它们是从公司总部、项目部所得，还是从其他组织单元、其他参建方所得，或本就是在自己履行岗位职责时形成的信息，也无论它们是理念、思路、要求、做出的安排部署，还是与界面衔接、分工配合相关的信息，或是与个人正当利益相关的信息，他都应当及时进行内部告知或通报。如果由自身组织单元形成或首先获得的信息也为其他组织单元履行职责所需，

---

❶ 鉴于这类项目管理方还未普遍存在，并且对其他参建方来说，它本身也代表着建设方，因此，除非对此专门论述，否则，以下所说建设方即含此方。

他也应当及时向他们告知。同时,这一负责人在信息资源的共享上,也要具有开放性。当然,以下情况要排除在外,即信息源仍需要保密而信息公开又不利于此的,基于整体利益需要保密的,将涉及到的他人正当利益以应有权重与自己正当利益考量而需要保密的,这其中的"他人"是指信息提供者和自己考虑将信息提供给他的个人,"应有权重"则与自己所居位置应当具有的道德水准相称。这种开放性除了体现在主动提供信息外,同样也体现在能够将信息提供给因为工作或正当利益关联而向他提出需求的其他内部人员或组织单元。最后还需说明的是,想要因以上所做产生出整体利益,首先需要的是项目部负责人的个人利益,其次是其他成员的个人利益与整体利益相一致,而这正是其公司总部对项目的首要之责,也是项目部在内部管理上的首要之责。

5.3 建设方项目部与其他方总部间的沟通

建设方或监理方的项目部与其他参建方总部间构成了第3类沟通关系,其中主要的是建设方与其他参建方之间的这类沟通。就供应商来说,除非因提供的设备规格超大而需在现场组焊、组装,否则,它与建设方之间的工作往来本就是在它公司总部和建设方项目部之间进行,这与建设方项目部和承包商等总部间的沟通完全不同,因此,它并不具有足够多的建设项目的独有特征,故在此不议。

这类沟通的主要事项见表5-1所列。其中,由总部完成的项目工作,其实质仍是项目部的工作,因此而进行的沟通与项目部间的沟通无异。另外,在合同执行阶段,建设方向某个参建方总部提出的项目要求常源于对方在项目上存在的问题,因此,在此阶段,这两类沟通常交融在一起,而重点则是问题,现仅就解决项目问题以及就项目实施进行的交流议之。

5.3.1 建设方为解决项目问题进行的沟通

在项目开工之后，建设方项目部会就项目要求和项目问题而主动与其他参建方总部沟通，建设方要就此取得应有的沟通效果，最关键的是要做到分清问题、弄清问题、见机行事、不单纯迎合这四点。

（1）分清问题

这些问题是必须要解决且只能以此渠道解决的重大问题，否则，就是无端挤占这一渠道、浪费这一渠道具有的特殊关系资源，也就必然降低以此渠道解决问题的有效性。这一问题如果不是亟须解决且只有直接与对方总部沟通才能解决的问题，就应当是此前已正式要求项目经理解决而仍得不到解决的问题，只有这样才能跨过他而直接与其总部沟通，因为项目经理毕竟是对方的指定代表。当然，对重大且有一定特殊性的事项，通过此渠道向对方总部提出特殊要求或要求其予以特别关注，以期在总部层面上做好过程监管，就另当别论了。

（2）弄清问题

这点主要针对的是建设方项目领导。就这类沟通来说，如果是对方总部高层应要求来与建设方项目部沟通的，这要求常是以他的名义提出，如果是建设方项目部前往对方总部进行沟通的，常是由他带队，无论是哪种情况，也常是由他来主持这类沟通。鉴于事项的重要，也确需如此，但他却也未必透彻了解问题，面对建设方的到场要求或是前往总部饱含的不满之意，有的时候，与问题有关的对方人员会或直或曲、或明或暗地辩解乃至反驳，尤其是当其总部领导也在场时。因此，无论是他来还是你往，在确定了要解决的问题之后，作为将要与对方沟通的项目领导，就要彻底弄清问题，即要弄清问题的具体表征和它所影响、作用的其他事项，也要弄清问题产生的历史和迟迟未解决或难以解决的深层的、根本的原因，并从自身和对方两种角度来认识和看待。知己知彼，方能百战不殆，弄清问题即"知"，解决问题即"战"。对复杂的问题，作为项目领导，还要与也将参与沟通的下属设想对方可能提出的借口或理由，以此确定我方应对的方式和言辞，乃至进行"攻防演练"，以使其届时无可逃遁、无可回避。

（3）见机行事

在此是指在建设方人员前往对方总部的情况下。之所以在此强调这一点，是因为到对方总部去解决问题必然面临更大的不确定性。基于对顾客的尊重，也基于中国的传统礼仪，无论彼此分歧如何严重，所及利益如何重大，面对顾客的登门造访，对方常恭敬以待且尽地主之谊的。但与此同时，对方可能采用让下属"代言"等方式该说尽说、该争尽争，更兼有对方有关责任者的全力辩解、对方内部信息的片面失真等问题。当然，对方也常会以诚相待，共同寻求妥当的解决办法，或基于维系良好关系的需要，为示友好做出让步，而这让步常会视沟通情况逐渐释放。基于以上，这类造访常是一场复杂而重要的谈判，见机行事更显必要，而它的成效除了取决于自身的谈判能力外，还取决于准备工作的充分与否。如果所谈之事重大到了决定项目目标能否顺利实现的程度，就更应当设想对方应对的多种可能，并制订出自己这方的不同对策和解决方案，从基于对方真诚合作却被强大的制约因素所困，自己这方因之做出较大的让步或寻得双赢的解决之道，到面对对方的敷衍应付，自己这方严正声明并以竞争态度相待，都要考虑到。当然，即使面对的是后一类情况，除非对方不再维持表面的礼仪，否则，也不应声疾色厉，但却仍要要求明确，态度坚定。如何把握之，则看届时的具体情况，若此，方能既游刃有余，又万变不离其宗。

（4）不单纯迎合

作为进行这类沟通建设方项目人员，除非自身态度立于其上的认知有重大偏失且与对方总部沟通后豁然开朗，否则，就不应单纯地采取迎合态度。至多只能在部分议题上如此，以换取对方在其他议题上的让步，如其不然，就没必要要求对方总部就此来人或专程到对方总部去了。如果对方态度顽劣，无论在什么情况下，都断不能以迎合态度待之，否则，就是在由对方蓄意挑起的竞争状态中向对方投降，而有此一降，后续就更难约束对方了。

建设方项目部就项目问题与其他方总部沟通，除了要做到以上几点外，还要因问题根源的不同而有不同的管控重点。

当问题根源在对方的总部，而且又是源于它的制度、规定，作为建设方，就要了解清楚，对方作为以工程为主业的工程公司、施工企业、监理单位等，在其他建设项目上是否也生出了同样的问题。如果是，又是如何解决的；如果不是，那么，我这项目的哪些特性、什么情况使它们生出了这些问题。这些特性、情况中有哪些是项目必然有的或是必须有的，有哪些是与我方的管理特点相关的，这特点又是否正确和适宜。如此慎重以待，似乎有违当今盛行的建设方强势管理的"潮流"，但唯此，才会尽可能地以双赢方式解决这类重大问题，也唯此，才有足够充分而强大的理由来要求对方改变制度、规定或对这一项目进行"例外处理"，如其不然，对方多会表面上曲意迎合而实质上仍我行我素。当然，如果对方的制度、规定确实与项目的客观特点不符或与建设方必然有的管理要求不符，并因此威胁到合同目标的实现，那么，建设方就必须明确要求对方总部至少要在这一项目上改弦易辙，并就此严格监督，直至对方完成改正。

如果问题根源在对方总部，但却是源于它的总部领导对项目错误的认识、看法，问题就不像上一种那么严重、尖锐了。此时，建设方就要将项目的真实情况、项目的重要性、自己这方的真实想法等尽述之。自然，这要以对方听得进且能信服的方式来说，且要视对方的脾气秉性、意识观念以及其当时的反应灵活对待。在此，还需注意的是，对方总部领导对项目的错误认识和看法反映出了其项目部与总部领导间在项目沟通上存在严重问题，这或是项目经理沟通能力差，或是他因为惮于让上级不快而不敢、不愿将项目情况如实上报。后一种情况的问题根源既可能仍在项目经理那儿，也可能在总部领导那儿，比如他的以往经历使他对这一项目产生根深蒂固的认知错误，或是他有意闭目塞听以图清净。无论是以上哪种情况，作为建设方项目部高层就项目问题与对方总部沟通时，务必借此使对方彻底解决在项目信息传递、项目部与其总部沟通上存在的问题。如果其后沟通问题依旧且问题出在项目经理，并再次导致了危及合同目标实现的严重情况，那么，建设方就应当考虑是否提出撤换项目经理的要求了。

如果问题根源在对方项目部，则先要明确立场，这立场就是要不要求撤换对方的项目经理。如无此要求，而仅是要让对方总部来主导或组织解决项目问题，那么，就要对事不对人，但这要以对方总部明白这些问题的根源为前提。如要求撤换，项目经理本身就已成了主要的项目问题，就要对事更对人。即使对方总部明白问题的根源在项目经理，也要明明白白地将这要求正式提出来，从而显示出对其项目经理有理有据、基于事实的坚决否定。当然，在决定如此做之前，还应当确认对方有接替资源。无论是以上哪种情况，作为建设方，都要显示出明确的态度，否则，就很可能同时失去对方总部和对方项目部的支持、信任和尊重。

要求对方总部解决根源在其项目部的问题，即告状，告状的内容主要有两类。一类是彼此项目部之间产生的重大分歧，它危及项目目标的实现或各方在项目重大事项上的协作、配合。另一类是对方项目部因自身原因不能满足建设方的重点要求，这自身原因或是这项目部的可变量，如认识问题、态度问题、一定程度的管理松弛、混乱；或是这项目部的不可变量，也就是项目经理自身固有而一时难以解决的问题，如能力不足、内在责任心不够等，这就可能导致建设方提出撤换要求。与以上问题相伴的，常是因项目部不如实向总部反映、汇报项目情况，因为与那些责任在总部的项目问题相比，项目部更有遮掩、弱化乃至隐瞒不报的动机，由此使问题严重到了使建设方不得不要求其总部解决的程度。因此，建设方在与对方总部沟通解决实质性项目问题的同时，也要迫使对方一并解决这类内部沟通问题，以使其项目部及时获得总部的支持、管控和监督。无论是以上的哪一类，要想把状告成，就必须实事求是，不含任何水分，且要证据确凿、无懈可击，唯此才能让对方总部相信你方所言，并使双方以此作为解决问题的事实基础。如其不然，就可能因为被对方项目部人员猛击不实之处而使对方总部对你方所述产生整体性怀疑，尤其是在要求对方撤换项目经理的情况下。

要求对方总部解决根源在其项目部的问题，更要慎重以待。因为这是在告状，很有可能造成与对方项目部的对立，如果对立不可避免，那么，除非在沟通的最后阶段不得不以竞争方式解决冲突，否则，必须始终将对立严格限定在与对方的项目部之间。同时，如果项目经理仍有必要留用，就要注意避免对方总部因对他的不满而减弱对他的支持或是对项目进行过度监管，并要注意避免使他产生难以化解的敌意。这些都需要谨慎操作，否则，就容易使对方同仇敌忾，并使自己这方过早丧失选择其他方式解决问题的可能。此外，还要务求必胜，面对与其项目部的对立，"胜"在此是指要击破它所有推诿的托词和无理的辩解，并迫使它的总部切实而妥善地解决这些项目问题。

5.3.2 其他方为解决项目问题进行的沟通

除建设方项目部主动与其他方总部沟通外，其他方总部一样会就项目问题主动与建设方项目部沟通，这类问题主要是彼此的分歧、纠纷。这些分歧、纠纷与它自身的重大利益相关，如果这个其他方足以优秀，其中也应当含有一部分与建设方利益或项目整体关联的分歧，如不是它主动沟通，建设方也会主动与它沟通以期解决，后一类问题建设方更关注。

从承包商等参建方总部的角度来看，为使这些分歧、纠纷获得妥当解决，就应当透彻了解彼此项目部所掌握的情况以及所持观点和既有认识，并进行必要的实地了解、核实，经比对、分析得出实情、实理，其后，基于合同、信誉和维系与建设方良好关系的重要性而整体把握。

承包商等参建方因为其项目部与建设方项目部之间产生重大分歧、纠纷且又迟迟无法达成一致，转而由其总部来与建设方项目部沟通解决，两个层级面对的其实都是同一个对象即建设方项目部。因此，就承包商等其他方来说，对这分歧、纠纷，除了是自认有理的，还应当是建设方项目部也认为它这一方并非毫无道理的，若此才有商量的余地和解决的希望。由自身总部与建设方项目部沟通解决，似乎只与"面子"相关，即因总部高层出面，可能会使建设方项目部由此转变原有坚持不让的态度，但这常伴有彼此组织利益的交换或是向建设方做出的某种承诺，自然，这是以总部高层拥有的更大权力为基础。由总部高层去处理，也可能会寻得更好的解决方法甚至是双赢的途径，由此使分歧、纠纷得到妥当处理。这显示出了总部高层应有的解决复杂而重大问题的能力，这能力既源于经验，也源于他所处位置具有的更广视野和更深认识。

5.3.3 为做好项目进行交流

建设方项目部、其他方总部之间的交流，无论是我去，还是你来，都是为了彼此更好地管理项目、更好地执行合同。就建设方来说，虽然或许也会因此提出一些要求，反映一些问题，但显然与专门为此与对方总部沟通的性质完全不同，且也不具有多少正式性质，就其他方总部来说，也是同理。彼此交流的内容既可以是宽泛的工程建设，也可以是彼此的配合支持，或是彼此对对方在项目管理或项目实施上的意见和建议，既可以是理念、意识和观点，也可以是措施、方法和手段，彼此经交流形成共识，并消融误解、增强配合。

对建设方项目部来说，这有助于矫正自身不良的工作态度、工作作风和工作习惯，也有助于更好地履行保障外界条件之义务。同时，通过交流，也增加了对对方项目行为、项目决定背后的原因或出发点的认识，从而使自身对其进行的管理、监督更有的放矢，并且因此建立了或保持了与对方总部高层的热线联系，从而确保了与之进行的另两种沟通即就项目要求和项目问题进行的沟通的成效。对其他方总部来说，通过与建设方项目部的交流，则进一步认识、理解了对方的关注所在和对方监督、管理的目的和意义，从而能本着以顾客为关注焦点、共创双赢的理念更好地实施项目，更有效地接受监督和管理，乃至由此有了新的思路和方法，进而改进、提升彼此间的配合。

5.4 总部之间的沟通

正如表5-1所示，总部间的沟通主要有两种，一种是彼此间的交流；另一种是其他方总部就项目问题与建设方总部进行的沟通。

就第一种沟通来说，多是其他参建方主动到建设方总部去的，以能在总部的最高层级上直接听取建设方对自己这方在项目实施过程中的意见和建议。但这种交流与和建设方项目部的交流相比，也带有更多的礼仪性拜访之意，它们因此与项目具体问题更少有关联，当然，这些意见、建议对于改进、提高自身的项目管理同样宝贵。

就第二种沟通来说，应当是其他方总部不得已而为之的。因此，首要的仍是其必要性，即必须是最为重大的问题，并且是自身与建设方项目部彼此之间都没有办法解决的问题。如果这只是因为对彼此权利义务的认识不同所致，尚且好说些，但如果涉及到对方项目部的失职、管理混乱等问题，就必须把由此将遭到的报复性行为考虑清楚，并有对应的避免、减损和防范之策，否则，如果不是快到了对簿公堂的时候，这样做就不啻引火烧身。也正因此，去解决分歧、纠纷的承包商总部高层，至少要做到对事不对人，而只要并不因此有碍问题解决，就要事与人兼顾。同时，要态度友善、有底线又灵活，正如"事大国以智"，这些都需要有足够高超的沟通技巧。

5.5 跨层级的信息特殊渠道

在工程建设中，作为任何一个项目的主要参建方，都无可避免地会遇到紧急情况。此时，无论是对内，还是对外，如果按常规方式形成和传递相应的信息，必定难以满足紧急应对、处理的要求，为此，事先必须建立起专门应对紧急情况的信息特殊通道。

信息特殊通道的实质就是非常规，它或是利用正式信息的路径传递非正式信息，以节省形成正式信息（如正式文件、正式的回复、签批）的时间，或仍是正式信息，仍经其原有路径，但大幅提高信息的形成和传递速度。

如果紧急情况同时也事关重大，那么，就不能再走正式信息的路径了，而要跨越原路径必经的层级或必经的一方或几方而直达信息要到的终点。当信息是由下级跨级向上发送时，如图5-2所示，当信息完成跨越式的发送后，紧随其后的是向所跨越的各层、各方通报情况，这是跨越必须遵守的原则。当然，这种跨越也仅限于紧急而重大的情况，如其不然且对此无限定，就会造成信息发和收的紊乱，如图5-3所示，此时，必定是越近终端所得的信息就越庞杂、混乱，并且会造成信息过载，与此同时，也导致了信息缺失问题，即需要这些信息的岗位或组织却得不到信息，我们可以将之称为"信息流紊乱"。也正因此，作为上级或主导方的领导，只要有基本的管理经验，在常规状态下，他既不会向下跨越中间层级来发送信息，也不允许下级随意主动地跨级向他发送信息。有的时候，虽然并不是紧急情况，却因为需要及时、准确地将某些复杂的信息让高层获悉，某一级的负责人让他的下属直接向他的领导汇报，则不在此列。除此之外，在非工作时间，因个人关系密切而由下跨级向上反映实际情况，也要另当别论。

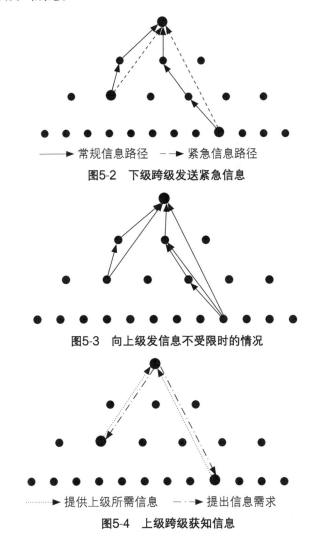

图5-2　下级跨级发送紧急信息

图5-3　向上级发信息不受限时的情况

图5-4　上级跨级获知信息

现今沟通工具极为便捷且多种多样，在工程建设中，因情况紧急且重大需要跨越中间层发送信息的必要性减去不少。因为信息逐级紧急传递的时间已大为缩短，延误紧急反应的可能性也随之大为降低，且信息在传递过程中的失真程度也因为形成和传输影像、语音的便利同样大为减少。自然，接到这类信息的每一级、每一方都必须以最快速度传递，以能在自身做好应对的同时，使信息迅速到达终点，这也是利用正规信息路径形成了极速传递的信息紧急渠道。这终点常是有权力做出关键决定，有权力、有资源组织或主导全局的内部最高层或项目的建设方乃至当地政府。

无论是跨越中间层级进行紧急报告，还是走正式信息路径进行极速传递，所适用的紧急情况都是按常规做法难以做出适当响应的，如果在信息的形成和传递上仍按常规处理，就必然延误事项处理，从而给自身或其他组织造成与常规行事具有的稳定性相比大得多的损失，乃至造成人员伤亡。因此，这类应急响应式的信息形成和传递，其相应要求及注意事项必须要让所有可能会遇到对应情况的人员了解、掌握，以能保证届时信息形成和传递的高效。另外，在保证这一点的前提下还要注意减少对正常信息流的扰乱。

除了用于紧急情况的特殊通道，还有一类信息的特殊通道，它同样跨过了中间层，但意义却完全不同，即大型项目的高层越过多个层级直接从最贴近事项的基层人员那里获取信息，或是建设方越过监理或监造、越过EPC承包商直接从施工方或制造商那里了解施工现场情况或设备制造情况，这也是非正式信息的一类重要来源。上级跨级获知信息如图5-4所示，他们或是为了核证正式上报的信息内容，或是在作出决定前，验证、矫正自己原有的印象、感受或认识，使其中的事实成分真实而全面。当然，这类特殊通道仅用于获知第一手情况，且信息传递只能是单向的，否则，也必然造成信息流的紊乱。如在国家重点项目建设过程中，国家领导人直接与项目负责人通电话了解项目进展情况，但却不会作出指示、提出要求，也不会向对方透露自己因职位而获得的任何信息。

第6章

项目中的规定、
报告、会议和清单

无论是建设方，还是其他参建方，都必然会有诸多与项目相关的管理制度、规定、程序文件，我们可将其统称为项目规定，它也是项目计划类文件。

项目报告主要是"回顾"，其内容多是由既成事实的信息经收集、整理、统计、分析而成，这事实既可能是事，也可能是物，既可能是现状，也可能是"过去"。报告主要属于PDCA循环中的C环节，是我们改进、提升的依据。当然，我们也常在报告中提出下期计划，提出建议或意见，提出需要上级及内部其他部门或其他方解决的问题或需要提供的支持、配合，而就报告的接收者来说，则会将报告作为安排事项、制订计划、做出决定的依据或参考。

会议既有"回顾"，也有计划，与运营性活动一样，在建设项目上，它也是我们互通情况的一种常用方式。

清单是我们在做或是管理繁杂之事时常用的一种有效辅助工具，在建设项目上，针对繁杂之事，它也常作为沟通的一种有效工具来使用。

6.1 制订规定时的信息收集、发布后的宣贯和反馈

项目规定是进行项目管理的重要依据,其制订和执行得好坏决定了相应工作结果的好坏,乃至决定了项目目标是否能够顺利实现,而建设方的项目规定则对整个项目的成败具有举足轻重的影响。一个组织的成文规定犹如一国的律法,不应当轻易形成,也不应当轻易修订。规定一旦形成,就要有足够长时间的适用性,修订所考虑的,不仅是改后条款的适宜、便利和经济,还有由执行开始至恢复到原有适应状态的有形、无形成本,其中包括了规定的稳定性和权威性。项目规定,因项目的时间约束和组织的临时性,更应如此,更不用说建设方的那些由各参建方都要遵守、执行的规定了。而项目规定又与沟通紧密相关,因此,项目规定的重要性和郑重以待的必要性应当在沟通上得到充分体现。

项目规定与沟通的紧密关联主要体现在三个方面,一是规定制订和修订时信息的收集,二是规定发布后的宣贯,三是规定执行过程中的跟踪和效果反馈,其中的第三方面与规定的修订紧密相关。以上这些信息构成了不同的信息流,而它们的流向也有所不同。项目规定制订、宣贯、执行、修订时信息流的主要方向如图6-1所示。

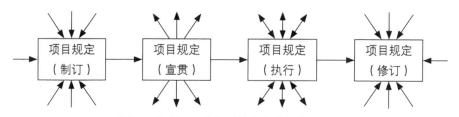

图6-1 与项目规定相关的信息流的主要方向

6.1.1 把需要的信息收集齐全

为制订、修订规定而收集的信息,既包括已形成的各类总结、记录、项

目历史信息等,也包括通过调查、征询等方式获得的实际情况、相关人员的看法、建议、意见等。

项目规定不同,其复杂程度、涉及面也不同,制订时所需信息的多寡、详略随之不同,信息收集的方式、方法因此也就各不相同。最为简单的项目规定,甚至单靠制订者或修订者个人既有的记忆、经验和认知以及个人现有的资料已足够。但是,即便如此,这也应当是在对信息需求进行了认真评估后做出的判断,而我们在制订、修订制度时,常犯的错误却正是轻视或忽视了这一点。若此,也就没有了有条理的信息收集,甚至不去做信息收集。不少项目规定的制订者正是如此,他们不进行任何必要的信息收集,全凭着自己的所知、所感、所想形成规定,而如果后续审查流于形式,这就近乎是发布版本了。这些规定的水准和适宜性就完全取决于编制人自己脑袋中的那点东西了,至于对规定的修订,就更是如此了。因为常有的时间紧迫性以及并不常有大的建设项目,更因为对项目规定的意义、作用认识不足,以上问题在建设方那里尤显严重。

由于人认知、感知的局限性,就规定的制订来说,除非针对的事项简单至极,否则,作为单独个人,即使调动自己所有的记忆、经验和认识,即使用尽全力地思考、体会,也常不能对相应事项有足以准确、全面地了解、把握或判定。通过收集相应信息和使用这些信息,我们就会发现自己此前未曾了解到、认识到的重要情况或严重问题,由此得以将这些盲区消除;反之,如果我们不先有针对性地收集信息,这些盲区就会投射到我们制订的规定中,除非被后续的审核人发现并提出来,否则,就形成了规定中的盲区,最后发布的规定必然是片面、偏僻或有严重缺失的。就修订规定来说,如果不是全面性修改的话,所及内容常较为单一,这类问题或不显严重,但鉴于规定的重要性以及较强的适宜性要求,我们仍然需要郑重以待。鉴于以上,作为建设方或作为一个以工程为主业的组织,在关于制订和修订项目规定的制度中,应当对信息收集和使用提出要求,以避免个人臆想之偏,以此促使制订规定的信息基础足够真实、全面。

作为项目规定的制订者或修订者,对制订或修订时用到的各类总结,除了要细细研读外,还应当与总结者本人交流,以感其所感,并获得更为鲜活、真实的信息。对用到的项目记录和项目历史信息，如果与规定中将定的重要条款相关，则也应如此。

就调查、征询来说，你的对象应当是这样几类人或组织：一是对规定或将改条款所要解决的问题或适用的事项有深入了解或有丰富阅历和经验的行家里手；二是将要遵守、执行规定或条款的内部人员、内部组织和其他参建方；三是这规定或条款将要作用、影响到的内部人员、内部组织和其他参建方或项目外部组织。如果因为项目未开工而且没有其他参建方，也可以向外部同类组织（如工程公司、施工企业等）咨询，当然，最好是向那些与自己这方有过项目合作经历的组织咨询。无论是哪一类，都要全力避免受到对方有意无意进行误导，更不能被对方酿造的特定氛围所感。有的时候，即使规定或将改条款本就是为对方着想的，对方真实、坦诚地反映情况、说出想法、提出建议本就是最利于其自身的，但他们也会因为囿于自身的眼光、阅历、知识层次等而看不到、看不远，这样，他们就会把自己知道的事实或自己的真实想法、认识和体会或是夸大或是隐匿甚至歪曲。同时，还要注意的是，对于具体某个上级领导，如果规定的起草或修改既非他所安排，也与他所管业务关联不紧，即使他相关的阅历或经验丰富，你也不宜直接向他征询。因为对他就此提出的想法、建议等，你是不易理性、客观对待的，并且你也要避免上级不必要的介入。

6.1.2 做好规定的宣贯

项目规定发布后，自然就要执行了，但在此之前或是在开始执行的同时，还有一项重要的沟通工作要做，即宣贯。古人云，"是故有道之君，教之在先，令行在后，务使民知律熟法"，否则，"如罔民也"。

就建设方的项目规定来说，无论是某方面、某类事的具体要求，还是某个环节、某类流程的设定，它们都或是益于项目整体，或是仅益于建设方，其中益于自身而不益于其他方的，则须有合同为据。而无论是哪一类，为了切实获得这些益处，建设方都要进行足够深入的宣贯。宣贯的受众包括三类：一是相关参建方的项目负责人，也包括建设方自己的；二是具体的遵守、执行者；

三是对遵守执行规定能给予推动力或会给以较大阻力的利益相关方。建设方的宣贯，一方面，是通过对背景、意义、目的的阐述，使他们对规定中的整体利益考量或对建设方要求的正当性、必要性、重要性有足够的认识，从而使他们产生执行的主动性，并最大限度地减少执行阻力，增加严格遵守、执行规定的正面促进力量。另一方面，通过对条文的解释、说明，使包括自身在内的执行各方的具体执行者，理解了其中条文具体、确切的含义，从而使他们能够正确或准确地遵守执行，则使他们对规定未明确、却与之紧密关联的事项，具有了与规定目的一致且无损于规定权威性、严肃性的灵活性两方面相结合。对利益相关方来说，这一方面的宣贯将使他们能正确认识到在哪些要求或环节上，在什么范围、什么程度上与自身利益具有怎样的关联。

6.1.3 重视跟踪、反馈

项目规定与沟通相关的最后一个方面是执行情况的跟踪、反馈，这既是为了对执行进行监督，以使它们发挥应有作用，并维护规定的权威性和严肃性，也是为了以此收集实际附加上的执行条件以及执行的效果和效率、执行的难度和难点等详细信息，以利于规定的修订、完善，并利于规定的制订者、修订者和自身组织的经验积累。其实，正是对这些方面的忽视或轻视，使得我们的项目规定在适宜性和有效性上始终是难如人意。当然，为完善规定而进行的修订、升版要把握时间，既要避免损害规定的稳定性，也要避免因其中原有的不适之处存在时间过久而产生较为严重的不良后果。

6.2 选择报告种类，发挥报告作用

建设项目具有项目应有的一切特征，且参与方多，每个参与方投入的人员也多，需配合或协调的事甚多。为此，作为一个项目组织，在建设过程中，需要对自身的目前情况和计划安排进行及时通报或告知，以作为自己内部以及

其他项目组织进行相关工作、完成相应任务的依据，定期的或专题的报告则是这些通报或告知的主要形式之一。其实，报告的形成也是对自身情况进行系统梳理的过程，并通过此方式提出建议、反映需解决或协调的问题或事项，而报告在完成"当期任务"后，即成为宝贵的历史信息，以供追溯或借鉴。从总部或监管方的角度看，也需要通过提交来的报告了解各项工作、任务及重要事项、问题的现状、做出的计划安排，并在经必要核证后，以之作为决策、部署和进行过程管控的依据。以上种种，都显示出定期报告即月报、周报、日报等以及专题报告的重要意义，报告制度因此成为PMIS中的重要组成部分，且报告这一形式因此成为项目沟通的一种重要方式。

在大型建设项目上，就定期报告来说，一般分为进度、质量、费用、施工安全、文明施工几个方面。同时，按阶段分为商务❶、设计、采购、施工四类，由此形成了不同的定期报告，这些报告由项目部内负责对应方面和阶段的各组织单元编写。各方面、各阶段的定期报告在内容上相交叉且关联紧密，大型建设项目定期报告种类及相互的关联如图6-2所示。其中的商务、设计、采购、施工四类报告都应含有进度、质量、费用方面的内容，施工报告还要有安全和文明施工方面的内容，除以上几类报告外，还有综合性的项目报告，它是站在全项目的角度或是站在所揽工程整体的角度，对各方面、各阶段进行的系统性描述和分析。而质量、进度、费用三个方面的报告中也都含有商务、设计、采购、施工四个阶段，因此，它们的内容多有交叉和重叠。但就重叠的内容来说，各有侧重，按阶段分成的四类报告，重点在由各自阶段将质量、进度、费用三个方面统一而形成的整体性内容上，而质量、进度、费用三个方面的各自报告，重点在各自方面在贯穿商务、设计、采购、施工四个阶段所形成的具有连贯性和一致性的内容上。施工安全和文明施工报告则仅限于施工阶段。中小型建设项目，它们的定期报告则不必像大型建设项目那样在各阶段、各方面上都单独成篇，而是可以大加合并；对于小型而简单的项目，则有一份

---

❶ 工程建设领域，商务是指各类工程合同从准备开始经形成、执行、变更直到关闭的全过程，严格地说，它也是采购。本书所说"商务"仍是指建设领域的惯用意义，虽然商务、设计、采购、施工这四阶段顺次开始，但其后，它们在时间上高度重叠。

综合性的项目报告即可。无论怎样，关键是要保证定期报告的应有作用不受影响。除以上所说种类的定期报告外，有时还需要就某个重要任务或重要事项形成定期报告，任务完成、事项处理完，报告即终止。

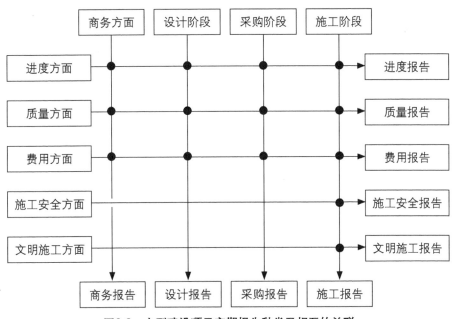

图6-2 大型建设项目定期报告种类及相互的关联

编制订期报告，首要的是依据报告目的和意义确定报告周期，但主体不同，目的和意义也就不同。从总部或建设方来看，这周期即需要每隔多久通过报告来了解工程或任务的进展和计划、困难和需要自身或外部配合、协调、解决的事项或问题，以此满足自我跟踪、监管、做出决定、进行安排、提供支持的需要，或是要求对方每隔多久对现状进行系统的梳理、统计和分析并依此确定下期计划。从报告这方看，如果需要总部、建设方等组织配合、协调、解决的事项、问题屡屡遇到或频频发生，而它们要求的报告周期无法满足通过这类报告传递这类信息的时间要求，那么，自己这方就应主动要求缩短报告周期。显然，事情越重要，变化越迅速、越剧烈或与其他重要事的关联越紧密，需要的报告周期就应越短，反之，报告周期就可以适当加长。由此也可知，报告周期也不是必须一成不变的，它可以根据所处阶段或具体状况而适当调整。周期最短的是日报，它通常用于进度方面，无论是设计还是采购或是施工，都可能因为处在特殊时期而采用此种形式。按报告周期长短排序，日报之后是周报，施工安全及文明施工因随施工进展不同会有完全不同的管控措施或相应要求，因此，它们常采用此种形式。周期最长的通常是月报，其他事项多采用此种形式。当然，除以上外，也可以以双周、双月、季等为周期。某大型煤化工项目的全厂强夯工程，因工期紧迫，开工后两周内即调集了上百台大型打夯机在百万平方米范围内同时作业，每日进展迅速。建设方要求承包商每日按时做出日报报给监理和建设方，使三家承包商每日紧密跟踪进展、合理安排次日作业，也使监理和建设方能及时掌握全貌、准确测算后续进展，由此使抽检、清障等工作有效、及时地进行，最终在一个半月内顺利完成。也是同一个项目，到建设中后期，大型动设备的单机试运行、给管道设备试压供水的正式水泵的运转都需要正式电源，厂外供电工程的进度因此成了整个项目的制约因素。为此，项目主任要求形成每日一报制度，将日报直接发送给主任组各成员，以此方式促使项目组缜密安排、积极推进，更使各类问题及早暴露，并获得了上层足够的重视，最终使正式电及时送上。

  报告周期是否适宜既事关报告质量，又关乎它的使用效果。如果实际的报告周期比适宜的周期短，如本是月报或周报即可满足需要，但却要求报周报或日报，这无疑将浪费报告人的时间和精力，也使接收人的信息过量，时日一长，报告人就草草应付，而接收人也不再认真对待，报告也就无法发挥应有的作用，并在一定程度上促使应付文化在项目上形成。例如，在某个国家示范工程项目上，建设方项目部下的某个部门为了使其在异地总部的主管领导清楚了解每位工程师的每日工作，要求后者写日报，并放于网络空间上，报告采用Excel格式，并附有现场图片，开始时做得确实精细，但最后不了了之。反之，如果实际的报告周期比适宜的周期长，外在的过程管控就可能因信息迟至而致疏漏，报告人的内部管理也可能因之达不到应有的精细程度或"紧张程度"，协调或需解决的外部问题或事项的信息及相关的意见、建议也都将滞后，这就耽误了问题解决、事项处理，甚至使决定产生偏失。当然，这些问题也可能使报告接收人转而通过其他不适宜的方式来获取同一信息，如频繁地开会。

确定以及在形成和利用项目定期报告的过程中，为充分发挥其应有作用，还要注意以下几点。

(1) 慎重选择定期报告这种沟通方式

考虑到形成定期报告所花费的时间、精力以及它的正式性，只有在与这种方式最相适合的情况下，才可采用此种方式传递项目信息，并在已无必要继续的时候，及时叫停，以免造成时间、精力的浪费和执行力的损耗。如果是为了定期掌握全面的现实情况和相应的计划安排或以此方式确实能够有效促进管理上的精细，无疑是要采用这种方式的。除此之外，就先要将它与其他如专题报告、例会、专题会、当面汇报等方式进行足够的比较后，再确定是否采用此种沟通方式。

(2) 内容和格式都务必切实可用，避免形式化

我们要明白的是，报告既不是自我吹嘘的平台，也不是展示严格管理、规矩做事的看板，而是我们完成项目任务的一种工具。如果我们不能明白这一点，那些虚饰的意识就会乘虚而入，由此确定的格式和内容要求就会偏离它应有的价值，从而枉费了人力、浪费了资源，造成了许多信息垃圾，并为不良项目文化的形成添砖加瓦。在一个投资过百亿的大型化工项目上，建设方的项目部要求内部的各项目组提交施工月报，而确定的格式、内容大多与监理月报的重叠，安全和进度方面的内容虽与监理月报重叠的不多，但也完全可以从安全月报、进度月报中摘录而成。因此，除最后一项即需协调、解决的问题及建议外，其余的，都不过是文字的搬弄而已，它们内容虽然全面，却少有意义。因此，我们在制订报告的内容和格式时，需要注意的是要最大限度地减少直至取消"二手货"，只需从其他报告等文件中粘贴、抄录即成的内容，即对来于同一信息源的同一信息，一份由信息源提供的报告即可。同时，当你要通过报告反过来促使报告的一方提升管理时，就必须具备两个前提，一是要持续地关注，二是确定具有提升现实的可能性，两者缺一不可。否则，都将使发送、获取信息本身变成了目的，导致形式主义。

（3）以真为本

信息真实的重要性人尽皆知，但假的信息似乎在某种情况下也是"有用的"，即报告人、接收人将报告本身作为一种道具，他们的真实目的都与报告内容无关，而只与外在形式相关，外示于人的目的本身就假，这就是报告的异化，当然非我们所应取。论及报告内容的真实，不得不说到它与报告人自身利益的相关性，如果它们之间正向相关，真实就有了保证，如果它们之间不是正向相关，那么，当如实汇报会使报告人受损且这在他心中的分量大过诚信的意愿和对提供虚假信息被发现、被揭露或受批责的顾虑或惧惮时，他必然造假，反之，他就不愿或不敢造假。鉴于此，我们应当保证在任何情况下，报告人都不能因为诚实本身而受损，反却可能因此受益，这样才能使我们获得真实信息。在某个大型工业项目上，建设方项目部中的质量部，在质量月例会上，根据各监理方月报比总部的全项目监理通知单下发及封闭情况，对其中显示有较多未封闭的，要求相应的监理加大督促封闭的力度，却少就此要求承包商，整改封闭似乎成了监理方的问题。由此或使监理要求承包商草草回复了之，相应问题却并未得到认真整改，或使监理方在该下通知单时顾虑重重，而这两种情况显然都有悖真实。

（4）充分利用定期报告中的信息

如果报告不被接收人认真对待，就会使得与其所含信息最适合的这一载体不能发挥应有作用，若此，或是同类信息复以其他形式被接收人获取并利用，但效果必不及定期报告；或是同类信息也未通过其他形式被接收、利用，这一信息渠道就此被报告接收人自我堵塞，这既造成了信息浪费，也使他自己处于闭目塞听的危险中。如果报告是为了促使报告人提升内部管理而要求的，报告内容对接收人来说或无大用，但他若不给予及时、正确的反馈，也难有效果。如果接收人非但对报告视若无物，且任凭从单一的、狭隘的其他渠道所得的片面信息及自己的固有偏见左右头脑，从而导致管控和决定失当乃至错误，那么，这就不单是不好好利用报告的问题，而是偏听偏信的问题了。

除定期报告外，建设项目上，还常用到专题报告这一形式。顾名思义，它是仅就某项任务、某个问题或某一特定方面所做出的报告,这或是因意义重大或是因复杂难办理、难解决,因此需要向总部或建设方等进行详细的书面汇报,以使总部或建设方等能深入、全面地掌握情况,或是由此做出适当决定、调动足够资源处理解决。与定期报告相比,专题报告需要有更高专业水准的透彻分析,自然,这也要基于更翔实的信息之上,除此之外,形成和使用专题报告所应注意的与定期报告相近,就此不再赘述。

6.3 克服会议流弊,开好项目会议

会议是"一种有组织、有目的地把众人聚集起来一起商讨问题的社会活动方式",同时也是一种重要的沟通方式,在建设领域,亦是如此。但是在建设项目上,若要实现开会的初衷,尤要做到明确目的、充分准备、紧凑安排,并要全力克服会议流弊。

明确目的,即要明确是因为什么事、为了什么而召集会议的,是为了了解或核证情况以做出决策,还是为了协商议事,或是为了布置安排、宣传动员等,同时,还要明确会议要达到的效果乃至要明确会议成功与否的衡量标准;充分准备,即确定合适的参会方或参会人,并事先向他们讲明议题、说明议程,并提出有助于达到会议目的的要求,以使各参会者做好必要的准备;紧凑安排,这既体现在会议议程的安排上,也体现在开会时以会议主持身份对会议过程的把控上,如避免偏题、跑题等。

会议流弊,主要是指相反的两类,一是会议匮乏,该开会而久不开会;二是会议泛滥,会议过多或会议时间超长。会议匮乏,说明这个组织或是盛行单点沟通、非正式沟通,或是盛行个人独断,或是少有统一、一致的要求,或是负责人疏于管理、惯于回避问题。会议泛滥,体现在无论什么事都要开个会,会上或是长篇大论,或是你一言、我一语,越扯越远。

与会议匮乏相比,会议泛滥更为常见,它空耗着所有参会人的时间,并且助长了形式主义,背离了一个组织为生存发展而对效率和效益的追求。会议泛滥,通常有三种原因,即做给上级看、自大自恋、弱于管理。做给上级看,

或是显示对其要求的积极响应,或是显示对其想法或认识的主动迎合,或是显示自己有能力、有精力等,无论是哪种情况,如果决定开会的人或会议的主角真因为这得宠,就只能说明在这个组织内,形式主义盛行,并且因为有此先例,此风也将越演越烈;自恋自大,也可以说这是做给自己看的,即那些有着或大或小权力的人把会议当成了显示自己口才、思维或知识的个人秀场;弱于管理,此管理是指在开会时主持人对会议的管控,如果他不注意会议效率或是在会议管控方面经验少、能力差,会议就会偏题、跑题或是长时间陷于某个细节或某个局部中,由此使会议久开不散且效率低下。

在建设项目上,针对会议匮乏和会议泛滥,如何把握好开会的时机或频次,以能做到既不泛滥、又不匮乏呢?对此,我们不妨追本溯源,从沟通的角度看,会议的实质可以说是多人被有目的地组织在一起进行的信息活动,即信息的发送、接收、处理、反馈。以同一种会议是否有固定的间隔时间为划定依据,会议可分为专题会和例会两大类。当某类或是某个无时间规律性的事项、问题需要多个参建方一起议定时,当某些重要信息较为复杂或涉及面较广,无法通过其他信息途径被所需者准确、及时地获得或领会,同时,发送方或接收方又不止一家时,就需要召开专题会了。就例会来说,决定开会时间间隔长短的主要因素有会议所涵盖的事项处理的紧迫性或议事条件的成熟程度,参会方通过例会获得对应信息的紧迫性或参会方获取那些需要在例会上提供的信息所需时间的长短。在项目上,由监理组织的监理例会,通常是每周一开;由建设方组织的项目例会,根据其管理方式、介入深度以及项目规模、复杂程度等方面的不同,例会可以是每周一开、也可以是两周甚至每月一开。如果工程进展迅速或已到了任务、事项繁杂的时期,所需议定的事项或所需反馈、交流的信息更具有时间紧迫性,例会的时间间隔就应当缩短,甚至可以另设专题性的例会。如装置工程在进入到"三查四定"后期,事项繁杂、细小却变化迅速,为有效清理各尾项就需要每天开会。

除了会议匮乏、会议泛滥之外,还有一种会议流弊,即对于会上的要求、决定、安排、承诺,会后不跟踪监督、不落实执行。除非单纯是为了收集情况、汇报、宣传或当场进行的奖励、表彰,否则,会上必定会提出要求或做出决定、做出承诺或进行布置安排的。它们构成了会议结果,但仅此还远不够，还必须通过落实、执行才能对现实产生作用和影响，这才是会议的成果，才是会议的目的和意义所在。在工程建设领域，这一类流弊主要出现在由建设方或监理方组织、承包商参加的例会上，并且多是体现在就质量、进度、安全、文明施工方面的问题向承包商提出的整改要求上。会上，对这类要求，承包商或是默然听之，或是满口承诺，或是有所辩解却遭严厉驳斥，会后，对这些要求，承包商或是置之不理、我行我素，或是蜻蜓点水地走个形式。而作为提出要求的一方或个人，也时常不去跟踪、监督、检查，对他们来说，似乎会上的义正词严就是会议的全部了。无论是建设方还是监理方，都要明白的是，对方整改必然要付出成本，如果没有必要的敦促和足够的监督、检查，那么，除非对方足够优秀或是你自身有足具威慑力的事后控制手段，否则，对方时常不会主动地或不折不扣地落实整改要求。当然，提的要求也要依据充分、切实可行、不越权限，同时，对于对方在会上提出的异议，也要理性、客观地看待。如果确有道理，就当即改之，如并无道理，就以理服之，而不能在会上一听到异议，就断定是推诿扯皮、推卸责任而严厉驳斥之。否则，在这些要求的落实执行上，必然较大地增加了对方的对立情绪。自然，对确实无理的狡辩，也必须严厉对之，并在会后用严密的监督或是持续的强制力迫使对方按要求做好。从承包商的角度看，如果对方即建设方或监理方对其要求的落实执行足够重视，并且要求也是有理有据或是有足够强的事后控制手段，那就应当会后主动落实、满足，这是基于合作的需要和维持声誉或保持信誉、强化自身管理的必然之举。如其不然，等对方强力督促或拿出强制态度的时候，合作的信任基础、自身在对方那里的良好印象或自身良好的自律性也在流失。如果对方的要求无理且无据，就应当提出自己的意见或看法，并全力说服，当然，这时，仍要尊重对方并且要尽可能地顾及对方的颜面。

在建设项目上，召开会议，还要注意内容的层次性、内容的宽窄、会议的真实性和会议的有效性，其中会议的有效性又和对会议泛滥的防治紧密关联。

（1）要维持会议内容的层次性

不同级别的会议，所议事项、所需交流的信息各不相同，由此在会议内容上形成了与参会者的职权和责任相符的层次性。如果我们在这方面不加注意，会议就会不当地向下或向上延伸，进而陷于彼处，即本应当由下层或上层会议确定的事却要在这里细致讨论，或按会议层级来说本是不需要的信息却在会议上做过多的交流，这些也都属于会议跑题。此类问题，最常见的是"上陷于下"，这根源在于会议主持人或会中职位最高的人职责意识、管理层次意识较为薄弱，如果他不是有意小题大做的话，相比于相反的情况即"下攀上"，"上陷于下"更扰乱了管理的层次和秩序。就会议的"下攀上"问题来说，"议"是无效的"议"，入耳的信息也常非所需，会议就沦为了空谈和闲扯。对这类问题，防治之道仍是明确会议目的，并在确定参会人时，保证其职权、责任与会议的目的和议题相适应，而在会议进行中，主持人要时刻把握会议方向，一旦出现这类问题，要及时扳回。

（2）会议内容要宽窄适度

会议内容的宽窄，即会议内容范围的广狭，也是决定会议效率的一个主要因素。会议内容范围越广，就越有可能因为有更多的内容与更多的参会人无关而浪费更多的时间。但是，如果把会议内容的范围缩小，又不利于那些原会议的多数内容都与之相关的参会人，他们参加的会议次数势必变多，这就在总体上增加了他们来去路上花费的时间，尤其是项目部办公地点相距较远的那些项目，如占地是线状或是点状散布的大型项目，或是如三峡工程那样的超大型项目，同时，会议拆分使得这些人在会议准备上效率降低。在考虑会议安排时，他们也通常是需要给以较大权重的关键人物。在此还要注意到新的信息沟通媒介对这一方面产生的影响，随着视频会议技术的发展，它的效果越来越接近于当面开会了，同时，使用这一技术也越来越便利，且相比于当面开会，它省去了路上时间，因此，视频会议也越来越普及并受到大家欢迎。作为会议的召集者、组织者，要就会议内容通过权衡以上这些因素而寻得较合适的宽窄度。

（3）要使会议具有高的真实性

会议的真实性是决定会议成效的首要因素，而这首先体现在会上所得信息的真实性上。信息的真实与否决定了人的相应认识、相应决定和相应行动的正确与否、适当与否，会议上的参会者当然也不例外。差之毫厘，谬以千里，在涉及重大事项、需要做出重大决定的会议上，信息的失真会使事项的处理和做出的决定偏离现实，从而造成重大损失或产生严重问题。无论是会议召集人、主持人，还是参会的各方最高代表，都要清楚认识到这种关联性，并要清楚认识到与会者会因为不同的利益关联和对利益的不同认识而使他们提供的信息与真实情况相比可能大相径庭。对此，既需要建设方通过利益正向相关的机制设计和良好项目文化的培育，形成如实提供信息的环境，同时，自身在将会上信息取之为我所用前，也要做好足够的辨识。除以上外，还要做到兼听，开会时要充分兼听，当涉及重大事项时在进行会议准备的时候就要兼听，以能从了解情况的不同人、不同相关方那里获得信息，经辨识后取其真。

会议的真实性，也体现在参会者尤其是其中居主导一方的最高代表对真实信息的直面态度上。直面的态度，即不回避任何是事实的信息，对于这些信息披露出的严重问题、严峻情况或是恶化事态，如果不是此类层级的会议能解决或能作出应对决定的，则在会上确认、梳理相关信息，会后向上汇报；如果因为波及范围或波及深度有限等原因而应由下属人员解决、决定的，则在会上做出安排；如果正是需要在本次会议上解决、决定的，则将所有相关信息尽陈眼前，并且经与会人员提出建议或意见、经充分讨论后，最终解决或决定之，而如果因现有信息不全面、不详细或因问题、情况、事态复杂而一时难定，即于会议上明确解决、处理思路或途径，并明确信息需求，提出会后收集信息的要求，其后再另开会定之。还需要明白的是，在建设项目的会议中，作为参会方的最高代表，你因为怯于面对而采取回避态度，乃至推给其他人、其他方或是空盼着问题或需要作出艰难抉择的情况、事态自行消失，都将使与会者对你产生不良印象，甚至被他们鄙视，由此必然损害你的声誉和权威，因为那种空盼与鸵鸟埋头沙中的愚蠢几近相同。

会议的真实性，还体现在最后的也是最重要的部分即决议的执行、落实过程中。在此过程中，作为具体执行、落实人，要直面所出现的任何困难和问题，并在全力克服、解决这些困难和问题的同时，要将相应情况及时向上反馈，直至到当初的最终决定人那里。当发现决议存在严重问题且到了无法执行、落实的程度，或是将使个人的正当利益或组织的利益和声誉遭受到未曾预料的重大损失时，就必须将情况尽快全面、翔实地反馈到决定人那里，而断不能仅是为了维护决定的权威，为了投决定人所好而不计后果地"坚定地执行和落实"，当然，也不能一边敷衍以对，一边向上虚报。与之相应的，作为对应的决定人，则要认真对待这些宝贵的反馈信息，并经过必要的核证、调查后，判断、评估决议是否真有问题或真是不妥，这问题或这不妥又严重到何等程度，由此决定是否需要重新议定。若此，在会议的最后过程中，我们就做到了"真实执行、真实反馈、真实评估、真实改进"。

（4）要使会议具有高的有效性

我们在此将会议的效用、效力、效率等统称为会议的有效性，一个低效或无效的会议，或是表现在久议不决、跑题偏题、松散散漫、私聊私语等会上诸多的不良现象上，或是表现在它未能对现实产生它应有的作用和影响上，甚至实际起的作用和影响与会议的目的正相反。这些问题源于三个原因。第一个原因是会议准备不足，这或体现在会前收集、整理的信息不能满足会议需要，或体现在会前未能将自己要说的或要面对的事项想清楚、考虑全或是就复杂事项未事先与参会的关键人物进行必要的沟通，或体现在就会议议题等与参会方或应参会者沟通不足或沟通有误而使该来的没来。以上这些，或是使参会者没得到应得到的信息，或是使会议难以形成应形成的决议，或是使会议形成的决议失理失当。第二个原因是会议主持人对会议的管理不足或者会上层级最高的人物缺乏自我约束，由此导致了会议纪律松弛或是无关的发言过多。第三个原因也就是前面说的执行、落实问题以及在会议内容的宽窄度、层次性、真实性上存在的问题，在此不再复述。

6.4 用清单促进项目管理

清单是一种有效的管理辅助工具，天津人民出版社曾出过一本专门讲清单的书，书名叫作《聪明人都是清单控》，作者高原，被称作"中国图书'潜意识'类题材最畅销的作家"。在建设项目管理过程中，当事项或问题比较繁杂时，常会把清单作为相互间沟通的一种工具，并用它来管理这些繁杂的事项或问题。清单的优势在于通过系统性的或兼有集体性的回想和梳理而少有遗漏且有层次、有结构地列出各大小事项或问题,从而避免了遗漏和杂乱,并因此使后续的管理和跟踪有秩序、有条理、有持续性。当然,如果需要办理的事项、需要解决的问题并不繁杂,人的一般记忆足以保证沟通、跟踪、管理无疏漏时,清单的意义也就不大了。

清单方式,在建设项目上,一般是指将需要办理、解决的事项、问题按某种层次、结构逐项全部列于表中,以此与其他相关方、相关人员商定处理、解决的措施或方案,并将其内容简要写于表中,以之作为自己和其他方、其他人员实施的依据,并在其上记录后续的实施结果乃至过程状态。它既是沟通前充分准备以及细致沟通、充分商议的结果,也是跟踪、管理事项、问题的历史记录。因为建设项目的特点,这一方式在项目建设后期被普遍用于工程管理中。在项目建设后期,各类大小问题被集中发现,需相互配合、协调的事项迅速增加,单凭人的记忆难以保证沟通和管理它们时无所遗漏或是不凌乱无章,为此就需要频繁地采用清单这一方式了。同时,因为电子文档显著增加了它记录、保存、使用上的便利,使它的优点越发突显,也正因此,清单成了石化建设项目后期三查四定阶段时沟通、管理上的一种重要辅助工具。

在建设项目上,当我们使用清单时,还要做到以下两点,才能充分发挥出它应有的优势。

(1)有合理的结构或必要的层次,并对轻重缓急做出必要标示

清单的优势在于对繁杂事务或问题的管控,但如果没有合理的结构或层次,没有把那些容易忽视或容易忘记的轻重缓急做出标示,在管理上,就仍然凌乱无序,甚至会耽误重大、紧迫事项或问题的办理、解决。合理的结构、层次,即在清单列项时,依事项、问题的归属而分门别类,如三查四定清单中将各项归为设计漏项、质量隐患、未完工程三类。通常采用的清单的层次结构如图6-3所示,基层是清单各项,其余显示的则是在不同层次上的归属范围。轻重缓急,以三查四定为例,重,重至影响实体结构性能或使用功能,因此是必须完成的尾项、必须整改的问题;轻,轻至轻微的观感不符或不适或偶尔操作时的不便利,因而是可改可不改的问题;缓急,在此意在准确把握事项、问题的缓急程度，从而妥当地确定处理、解决的先后顺序，由此确定相应的起止时间。在我们划分出轻重并确定出处理、解决的时间后，就将它们表示在清单对应项中。

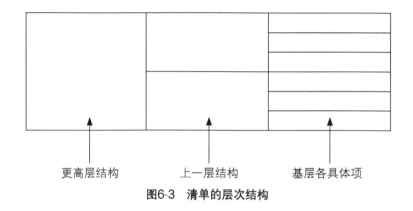

图6-3　清单的层次结构

（2）将责任人、方案、措施扼要地填在表中，并更新清单、保存旧版

当清单中各项的责任人、处理措施或解决方案有所不同而它们又没有简单到使人根据事项、问题本身就能轻易准确判定的程度时，就需要在清单中设栏将这些信息填入。建设项目中的事项或问题的具体情况常处于不断变化中，当它们本身存续时间较长时，就需要将它们当时的具体状况及措施或方案的实施情况记录在清单中并及时更新，以使相关方、相关人能及时获得动态信息。清单更新的时间间隔要根据管控或了解的需要而定，间隔时间过长就会有失管控，也难以满足利益相关方的关注需求，间隔时间过短则使其效用和意义迅速削减而不值如此。及时更新也莫不是在及时跟踪，而如果后续的处理、解决因为其复杂性而需要回顾、比较既往的过程状态，或是这过程状态对以后同类事项、问题的处理具有足够的利用价值，那么，就需要在更新的同时，将旧的过程信息保存下来。自然，无用的过程记录是垃圾，而垃圾是需要及时清理的。当事项、问题的处理、解决虽非一蹴而就，但现时的状态信息足能保证妥当地继续处理、解决，且这些过程信息对以后同类事项、问题的处理也没有利用价值时，我们在更新的同时即可将原来的信息删除。

第 7 章

项目中的文件管理

项目中的文件是项目信息的主要载体,为使其上的信息以正确的方式、正确的路径传送到需要方或需要的岗位那里,于内于外都要进行正确且妥当的收发,并要在存储上便于内部查阅,而在正式发送文件前,需要正确地签发,这就涉及建设项目常会遇到的代签问题。在项目竣工后向建设方移交、归档的项目文件会转成为交工资料,为了使交工资料发挥出应有作用,则既要保证它的真实性,也要保证它的必要性。

7.1 正确进行项目文件的对外收发

作为具有独特性且多则数万人、少则也要数十人方能完成的建设项目，保证项目信息流顺畅、高效流动是各项目组织、管理体系得以有效运转的前提。作为项目各类信息载体的项目文件，它的接收、发送是项目信息流的重要活动之一。那么，为保证项目信息流顺畅、高效地流动，项目各参建方之间文件的收发需要注意哪些方面呢？

（1）各方相互间要正式约定各自的文控人员

文控人员是信息进出各自组织的正式门户，如图7-1所示❶，除非特殊情况，否则，只有这些人才能正式代表所在组织收发文件，同时，各类文件的流转路径也要事先约定好，且它要与各方之间的合同关系、权利、义务相一致，在此基础之上，再从便捷的角度来设定。当然，彼此即使没有合同关系，

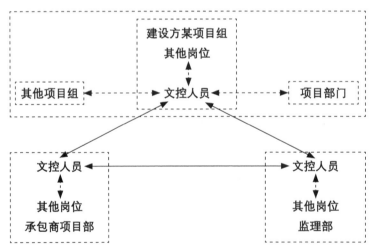

图7-1 文控人员是信息进出各自组织的正式门户

---

❶ 此图中的建设方内部情况是以图3-1所示项目管理组织机构为准的，此时，项目组在划定的工程区域内代表建设方对外行使相应权利、履行相应义务。

也能直接收发文件，相应责任也不能免除，但这都要以建设方为纽带，都需在与建设方的合同中约定，监理方和承包商之间也是如此。文控人员像其他人一样，也无法保证天天出勤，难免要他人暂代，对此，文控人员有责任就此向其他组织做出正式交代，当然，如果不是纸质版文件的收发，就不需如此了，因为文控人员工作所用电子邮箱或平台账号等都为他的组织而非其个人所有。

（2）文件传递务求迅速

由于项目的时间约束，因工程建设各方面、各事项间紧密衔接，还有现已普遍采取的并行工程方法，因此文件一旦形成，在准确的前提下，它的传递就一定要迅速。因文件传递的缓慢使事项不能及时处理、问题不能及时解决、过程无法得到管控，是最不该有的失效和最严重的浪费。

（3）对于纸质版文件，要保存好纸质版收发文记录

这些收发文记录，不仅是发送、接收正确、及时与否的证据，也是对文件内容上存在的问题追究责任的证据，这些都可能事关重大。比如一个通知单已有签章，但未经正式渠道而是由拟稿人直接交给另一方的某个人，此时，无他人在场，收文的人也未代文控员登记、签收，如果另一方按此通知执行造成不小的损失，那么，通知的一方就可能抵赖，说这是对方急于了解而私下取走的，纠纷就此产生。由这个例子我们也可以看到，虽然我们通常关注的是对方接收时给你的签认，但就项目文件来说，单纯的"给"也能造成接收方的损失，尤其当正式性不明显、文件没带时间信息或所示时间与发文时间偏差过大时。因此，当你是文件的接收方时，既要做好收文记录，也要注意别忘了在对方的发文记录上签收。当然，除了收发记录外，还会有其他的佐证资料，但显然它是最直接、最有效的证据。

（4）注意正式、非正式文件的区别，并正确、妥当地选择或对待之

正式文件是按约定的正式形式和渠道形成和发送的文件，如签章无误的纸质版或PDF电子版、由文控员发给对方文控员或对方邮箱的有效文件，当然，这约定本身也是正式的。除此，则是非正式文件，因电子文件的形成、收

发日益便捷，现今它在非正式文件中占据了主要部分。彼此独立的两个组织之间，与正式文件相应的，非正式文件的往来必不可少，而以独特性为本质的项目，对于复杂事项，非正式文件对正式文件的准确形成和理解更是至关重要。但是，如我们选择不当，对本该是正式文件的却按非正式文件发出，就使它少了应有的合同效力或法律效力，有时两方会就此产生分歧而延误工程。反之，对本该是非正式文件的却按正式文件发出，则挤占了正式文件传递的渠道、降低了正式文件发送、接收和理解的效能，有时也会使自身承担了不该承担的责任和风险。对于文件接收方来说，尤要注意的是对本该是正式文件的却按非正式文件发出的，在信息技术如此便利、发达的当今，更要及时而敏锐地发现这类问题，并及时提醒对方纠正。当然，如彼此互信程度足够深、合作精神足够强，先以非正式方式传递信息，以满足时间要求，后补正式文件，亦未尝不可。

（5）注意电子文件及其传送方式的特性

如今，电子文件日益成为我们主要的信息载体，它在信息形成、传送、处理和存储上的巨大优势使它终会在不久的将来全部替换掉纸质文件，文件管理必须及早适应这个趋势，就此而言，对以下几项需要给予足够的重视。

① 要适时调整正式文件的范围。现代信息技术的快速发展，使得电子信息种类及电子信息传递方式日益多样。在每个新的载体或新的传递方式产生后，因它的可靠性还未经考验，因此，它在较长时间内不会被法律认可，正如电子邮件以往也不能作为法律证据一般。而一旦被法律认可，也就证明了它的可靠性，作为一个组织，未尝不可随之将其纳入正式文件范围内，以使彼此间信息的形成和传递更迅捷、便利。当然，这还需要沟通的另一方也具有经常使用这类技术的条件，同时，与之相对应的，还需要将法律对这类证据认可的条件纳入自身的信息管理制度中，并且也放入合同中。因此，尤其要注意正式邮件、非正式邮件的区别，除非针对具体邮件有具体说明，否则，它们都是以由谁同意、由谁发出、发给谁进行界定的。一个组织对外发出的正式文件自然都是需要经过负责人或负责人的授权人同意的，正式邮件的接和收都必须是事先约定的电子邮箱。

② 在电子文件的收发上，要能满足对时间上的更高要求。与电子文件的便捷发送、迅捷到达相应的是对时间要求的大幅提高，要求"抓紧发出"。就纸质文件来说，或许是指当天，对电子文件来说，或许就是指几分钟之内。与发送相应的接收，则要求能够以较短的时间间隔查收邮件，乃至为了避免延误紧急信息的传递，要求文控人员通过实时显示的邮件信息即时性地接收邮件。当然，遇到紧急信息，发送方首先也有义务在邮件发送后即刻通过电话、微信等方式告知对方。

③ 要准确发送，而不要滥发送。因电子文件发送的便利，它的泛滥成为我们这个信息时代沟通中的一大问题。建设项目因独特性、临时性使得各方的信息需求有了更多的不明确性，即使约定明确，也需要时间了解。同时，电子邮件的便利也刺激了人们的信息需求，"为什么不给我们发个邮件？""为什么不顺便抄送给我们？"这些都容易使发送方在确定邮件接收方时产生混乱。作为发件人，为免因发不到位受责，乃至怀着不负责而只想无责的态度，就必然以"可发可不发的一定要发"、"拿不定的也一定要发"为原则滥发邮件，这在告知类及涉及争议或责任之事的邮件中表现最为明显。电子邮件的滥发分散了接收方的注意力，削弱了其对真正需要知晓、重视或处理的邮件的注意力和关注度，而这种负面作用集中针对的必然是滥发一方的邮件，从这一角度看，最终受损的很可能正是滥发者自己，另外，发送的准确性也是高水准管理的体现，虽说在信息发送上通常是蔓延无责，但在项目实施前，各相关方确实需要对此做出尽可能详细的约定，而后随项目进展，再进一步明确。同时，发送方也要在自身认知的限度内确保发送准确，以此将这类问题有效地解决。

④ 保存电子文件收发证据。电子文件，除非遇网络长时间中断或文件超大等特殊情况，否则，均是以正式电子邮件方式收发，收、发的邮件也即对应的证据。作为收件人，收到的邮件即证明了发送，而作为发件人，如何证明对方收到了呢？法律规定，只要邮箱按当初约定正确无误，就视同对方收到，如遇特殊情况无法接收，这一方显然有义务及时通知可能会发邮件过来的其他方。就各参建方行为紧密交织的建设项目来说，保存收、发的邮件更是相互间解决纠纷、界定责任乃至对簿公堂的有力证据。以往因邮箱容量有限使邮件保存受限，但早已出品的Outlook等软件使收发的邮件存于电脑中而不再受此限

制，而它们的检索功能又使邮件查找更加便利。因此，除非是只有时效意义而时效显然已经全失的邮件，否则，通过文控邮箱发送或接收的任何邮件，都应放到项目合同关闭后再清理。

除以上所述之外，还需注意两类事，一是超大文件的发送，二是电子文件的版本。即使在现今，对于超大的电子文件，用邮件发送，也只能作为云附件而有保存期限，而遇网络中断时，无论文件大小，都只能采用拷贝方式传递，对此，作为发送或接收的文控人员，都要固化对应电子文件发送、接收时的状态并予保存，同时做好必要标注和收发记录。在建设项目上，同一电子文件常会有不同版本，尤其是设计文件，像大型化工项目的全厂地下管网系统，电子版设计图前后会有数个版本，对此，作为收件方，在使用前一定要为每个文件做好时间或版本标示，以免混淆，同时，要将收到的各版本全部保存，以免事后责任难分。

7.2 项目文件的内部发放和查阅

在一个项目组织内部，正式文件都是由文控员进行内部发放的。由文控员接收的纸质版文件，除非份数足够多，或仅是一个人使用且是非重要的文件，发给个人后可以不再收回，否则，在经内部相关人员阅后或使用后都要返给文控员，再由其统一保管。需要在文件上签署意见后返回的，对其中较重要的文件，在由文控员返给发送方或发送人的同时，也需要保留一份自存。由文控员接收的电子版文件，需要由其及时转发给相关岗位，同时，还要将它们分门别类地保存在电子文件夹内。这些由文控人员保存的文件，无论是纸版的，还是电子版的，除为了交工归档外，也是为了内部人员在项目建设期间后续的查阅。由以上我们可以看出，在一个项目组织内部，文件的发放和资料基于查阅的需要进行的保存是信息管理的两项重要内容，其中，前一项的主要问题是纸质版文件发放是否要形成签收记录，后一项的主要问题是如何使电子文件查阅便利。

7.2.1 纸质文件的内部签收

在项目建设过程中，作为某个参建方的项目组织，它对外发放的正式文件或是关系到自身的权利和义务，或是关系到其他参建方的权利和义务。因此，必须形成并留存发放的证据，对纸质版文件来说，是发放记录，对电子文件来说，是发放的邮件，需要将它们至少保存到相应事项结束或是有其他足以佐证及时发放到位的证据为止，而鉴于区别对待的费时费力，通常统一留存至项目结束。就文件的内部发放来说，因为不再关系到组织的权利、义务，情况就不同了，但这并不等于说就可以不必形成或留存发放的证据。因为如果不形成或留存发放的证据，就可能使资料更易丢失，并导致资料管理混乱，更不用说内容涉及重大质量问题或重大安全隐患的文件，或是像监理工程师等特殊岗位，是否及时收到相应文件也关系到个人法定义务的履行。

电子文件的内部发送，虽然基于内部往来必须具有的诚信，而且电子文件接收人又时常不止一人，邮件接收人和文控员就是否发了邮件的说法彼此矛盾而又无从追查的情况并不多。但作为文控人员，因为保存邮件的极大便利，以及行为一致所带来的便利性，对于在内部正式发送的邮件，除非是像会议通知等时效甚短的邮件，否则，也都应保存到项目结束。

纸质版文件的内部发放，就是否要形成签收记录，则先要权衡一下值不值得，即在不签收的情况下，丢失的可能性和丢失后损失的大小，和在签收的情况下，时间、精力上的付出以及由此降低的丢失可能性，也就是在不做的损失和做的成本之间进行比较，如果前者大于后者，就应当做，这可以用如下的小公式表示：

$$L \times \alpha_1 - L \times \alpha_2 \geq C$$

式中　　L——丢失后的损失值；

α_1、α_2——不签收时和签收时丢失的概率；

C——形成签收记录时付出的成本。

其中的α_1可能会因文控员不同的管理而不同，比如如果文控员时常提醒内部人员注意保管，文件丢失的可能性就可能变小，从而使$L \times \alpha_1$和$L \times \alpha_2$的差值小于C，也就没有必要进行内部签收了。$α_2$也并非一成不变，在有签收的情况下，如果对丢失文件的行为进行追责，并且到了足以能警示他本人和其他人的程度，这必然使$α_2$变得更低，由此使签收发挥了它应有的作用。反之，作为组织的负责人，如果对丢失文件的行为毫无追责之意，甚至都不会为此表示出不满，$α_2$就趋向于$α_1$，乃至使签收丧失了应有的作用。

最后强调的是，丢失文件的概率，虽然因为以上的不同情况而不同，但同一个文控员对同一类资料，显然是应当采取同一个做法的。

7.2.2 电子文件柜的建造

在一个项目组织内部，就纸质版资料的查阅来说，首先要确定的是在从文控员那取走要借阅的资料时，是否也要签字，这个问题与纸质版文件内部发放时是否需要签收是近乎相同的问题，就此不再另叙。

就电子文件来说，随着无纸化办公日渐兴盛，它在文件和资料中的比重越来越大，在项目建设过程中，更是如此，又因其十分便利，一些纸质版文件也常通过扫描等方式转成电子版，以供使用。随着项目的推进，必然会积累了越来越多的电子文件，即便当时已经通过邮件等方式使所需要的人员获得，但其后基于管理的需要，内部人员仍是需要查阅这些文件的。为此，我们就需要建造一个"电子文件柜"，由文控员像管理存放的纸质版文件一般将电子文件分门别类地放入其中，并将它们保管好，以免丢失或是受到未经组织同意的修改，同时，内部人员又能像在图书馆一般随时查阅其工作所需资料，从而实现便捷又可控的资料共享。

电子文件首先是通过电子邮件或是在PIP对应区域发布的方式使所需者获得的。邮件是一种主动送、被动收的活动，虽然只要不删除，都会存在邮箱中，在以后也可随时查询。但这是依靠发送时间或发送人、关键词来查找的，而不是基于文件间的逻辑关联，并且这也占用了个人邮箱的空间或像outlook那样占用了个人电脑的空间，更不用说有的电子文件因太大而只能以有下载期限的云附件方式发送。项目上的PIP平台具有天然的公共性，并且它受控于它的创建者和拥有者，因此，它们都无法发挥类似于"电子文件柜"的作用。

有赖于信息网络技术的发展，十年前我们就已经有了较好的方法来建造这类"电子文件柜"了，这就是我们熟知的"网络空间"，现在则又有了容量近乎无限的云存储。它们都能针对文件夹的建立、文件的放入、移除、查看、下载、修改等不同操作设定不同的权限，并且可以突破地域限制、不限人数地同时查阅，这对于常需要异地办公的建设项目来说，自然意义重大。

7.3 代签纸质文件的几个条件

建设项目中，纸质文件常会出现代签现象，这在大型项目以及EPC模式下的工程中尤为突出。签字，无论是对待做事项的审查、批准，还是对既存事实的核实、确认，都既代表着权力的行使，也代表着职责的履行。因此，在一般情况下，是不应该出现代签的，但有时代签也是难免的，如应签字的人因为休假、出差等原因不在场，对此，要明确代签的前提条件，并予以严格限定，以杜绝不该有的代签。这既是基于对文件的有序管理，也是基于对文件内容所及事项进行有效管控之目的。

代签，按内外来说，或是同一方的内部人员代为签字，或是其他方人员在被代签人授意后代其签字，其中的后一情况必然是模仿被代签人的字体签被代签人的姓名，而前一情况除此之外，更常见的是直接签署自己姓名。至于某一方人员未经授意而模仿其他方人员签字，则是冒名签字，属于严重的诚信缺失，严重者会触犯法律。

就代签之事，首先要明确的是，不能只是为图省事而代签，一旦发现如此，无论文件本身重要程度如何，都不能容忍。至于确是因现实情况而不得不代签的，应当同时满足以下要求：一是有被代签人的有效授权；二是代签人签自己姓名；三是不能跨组织代签，即只限于一个组织之内；四是符合过程管控的要求；五是确实是等不及的。第一点的必要性是显而易见的，它又必然产生出第二点，但在建设项目上，违背这一点的屡见不鲜，像在施工承包商报审的各类文件中，同一项目经理的名字字体竟然各式各样，作为监理方或建设方，对此显然不能放任不管。第一点也必然产生出第三点，跨组织的代签，签的必然是被代签人姓名，就此，如无授权，显然就是上文说的冒名签字，如有授权，则是委托代签的人渎职。当然，有一种特殊情况除外，即这跨的是有上下级关系的组织，且是依据层级设定的签批，这层级也只是基于重要性或严重性的不同而设定的，上级组织有权代为办理和签批。就第四点来说，如果签批的事项直接涉及项目交付物的过程产品或最终成品，则这一点既是基于内部管控需要，也是基于建设方对其他参建方、监理方对承包商的必然要求，如果代签现象频频发生，无论是自身这一方，还是建设方、监理方，都不能听之任之，因为它或是说明了签批岗位设置不当，或是说明了目前管理缺失，因此，代签行为只能是偶尔为之，第五点的要求也是基于同一道理，既不到迫不得已，不得让人代签。除以上外，对于相应文件的接收方来说，还要判定清楚这代签文件的有效性或效力是否与原先的相同，如果有效性或效力不抵以前且又因此无法满足自身需要，就应当要求对方提供有效的书面说明。

代签行为之所以产生，其原因不外是应签字的人在场却不签或是应签字的人不在场。在前一类情况下，如果应该签字的人未给代签人授权，代签的人就侵犯了前者的职权；如果前者给了授权，但却不是因无暇顾及而将对应事项的办理连同签批均交给了后者，那他就是想以此逃避他应担当的职责，即使划定给他的职责并不合理，他也不能以此方式进行消极抵制。应签字的人不在场，有三种情况，一是事项早已结束，负责此事的也即应该签字的人已撤离现场，但相应资料才提交或手续才办理。二是在事情发生时或进行过程中，负责此事的人不在场，无法履行自己的职责，只能由他人代为履行并代为签批、签认。三是一些与建设过程紧密关联的个别事项在项目完工后才开始或是过了较长时间才结束，这或是因为受外部条件限制，或是因为管理不足，如交工资料的形成、整理和归档，或是与建设项目特点相关，如大型项目的竣工决算审计，而此时，应该签字的人也已撤离现场。以上的第一种情况，显然不符合过程管控的要求，对此，根本解决之道是我们老生常谈的资料与工程同步和手续及时办理。第二种情况，如果是因为建设项目必然会有的休假或出差等不在场，并同时也满足了之前所述的五项要求，那么，代办代签是正常且是应当的，但对于技术上的事，要保证代办代签的人具备相应的专业经验，以避免因经验不足而达不到相应的质量要求，更不能允许只是不负责任地签字。而如果应签批的人长期不在场，则说明他已经不能正常履行自身职责了，为此，或是调整岗位职责，或是及早确定合格人选并正式接替他。第三种情况，如果不是管理不足所致，则如第二种情况一般处理，而如果是管理不足所致，就与资料、手续不同步情况一样，解决之道亦是相同，但也不能不承认，它们确实难以完全杜绝。

在授权代签的情况下，无论是代签的人，还是被代签的人，都因为代签有了相应的责任，但责任按代办代签和不代办只代签两种不同情况而不同。前一种情况，由代签人代为行使权力、履行职责，如代为参加工序验收，其后代签验收记录，此时行签合一。后一种情况，事项已完成，原岗位的人已行使了权力、履行了职责，但相应文件还未提交过来，交过来时本人不在且也等不得，就只能由他委托他人按其意签批，此时行签分离。无论哪种情况，代签人签的都是自己的姓名，对外看来，责任也都落在代签者身上。因此，对于较为重要的事项，是不允许行签分离的。但对内来说同是代签人或被代签人，在这两种情况下，所做完全不同，应担的责任也截然不同，因此，他们都应做好相应记录、保留必要资料以备查。

现今，网络办公系统的全面普及使多数组织内部的常规业务实现了无纸化办公，在建设项目上，PIP的普遍应用也使得纸质版文件和纸质版存档资料日益减少。同时，随着高清晰度扫描技术的普及，亦可经扫描、打印、签批、再扫描、再打印方式在异地完成纸质版文件的审批，再佐之以邮件的往来，即使是作为法律证据，也是足够的。这都使得合理的代签行为大幅缩减，最终除非应签字的人未上班，否则，它将再无任何正当的必要性了。

7.4 要保证交工资料的真实性和必要性

建设项目的交工资料是由建设方在项目结束后正式保存的项目历史信息，它们是在项目各个阶段中形成或接收、收集到的且值得保存的各类文件。它的意义如下：作为运行、操作的依据；作为检维修、改造、扩建的依据；在交工后发生质量问题、质量事故时，作为分析原因、制订对策、追究责任的依据和证据；作为统计分析、专题研究、总结经验教训以提升的依据。

项目交工资料的形成和归档，最根本的是那两个众人皆知、简单浅白却又难以做到的原则，即真实和必要。其中，我们要求交工资料真实，其本质其实是要求所有工程资料都要真实。因为在交工资料中，除了竣工图之外，其余资料均是在项目建设过程中形成的，其中交工的和不交工而只留到项目竣工后即销毁或自行处理的，在真实性上，都是一个整体。

7.4.1 真实程度各异的工程资料

真实性是任何历史资料发挥应有作用的基本前提，一旦不真，就全无价值。以前一些施工企业就配有专门做交工资料的人，待项目实体完成或接近完成时，他们即赴至项目"整资料"，项目上原来的技术、质量方面人员，除留下少量配合结算的外，其余就此及时"脱身"，而现今，社会上又形成了一种专门做交工资料的自由职业。"整"资料、"做"资料自然少不了整理、编目编码、扫描录入、装订等。但也少不了补资料，这些补的资料大部分是过程记录、质量验收、验评记录，时隔日久，事后补上，自然毫无真实性可言。每个大型建设项目竣工后，都形成了一堆堆的交工资料，装订后运到条件完善、面积巨大的档案室中，被满满地塞入一列列文件柜中，这其中有多少因为其真实性而真值得在此保存的，又有多少因为其假而与废纸无异的？当然，具体论之，建设项目交工资料的真实程度又因种类不同而情况各异。

就管理性文件来说，会议纪要、联系单、通知单、传真、签报及各类定期报告、专题报告性的文件，因它们必然要基于现实，且也是过程管理的依据，除非因为程序不合规、不符合制度要求、为了应对审计等特意作假，否则，少有假的成分。计划类文件，也是管理性文件，其中一些是为了应付建设方或自身组织不切实际的目标或要求而做的表面文章。就定期计划来说，因为需要以现实状况为起点，因此，其中的目前进展方面的内容是较为真实的。周期越短的进度计划，如周计划，因为离现时更近，真实信息就越详细，又因为计划的意义在于适用，针对性越强的计划，也就越有它的历史价值。就综合性的计划来说，其中一些内容因为本来就是项目实际情况或与既定事项或是与它们紧密相关而具有了真实性和针对性，如其中的项目情况、进度安排等内容，建设方总体统筹计划中的投资计划、生产准备等，承包商施工组织设计中的各类资源配备计划、施工平面布置等。同时，无论是建设方还是监理方或承包商，对那些在制度、规定及具有普适性的流程、行为之外的内容，如果能够依据项目情况进行针对性的策划，那么，据此编制的各类计划就能在项目建设过程中发挥出应有的作用，并具有更多的历史价值，当然，这价值的实现还要靠与它相对的项目总结和项目评价。然而，现实并不如此乐观，在这方面问题最突出的是监理规划，作为监理工作的根本依据，它的内容已经被普遍"标准化"了，总监理工程师因此就忽视了工程具体特点和管理环境对监理工作产生的必然作用和影响，编制流于形式而丧失了真实的意义。而作为施工总体规划的施工组织设计，本应当与项目具体情况紧密结合，但除了进度、资源安排、场地布置等要基于具体情况而定的内容外，多数施组的其他内容也与监理规划一样流于形式。施工方案，也与施组类似，但如果是专项方案、专项措施，因为是用来完成或解决特定施工任务或问题的，内容必然要紧贴现实，编制因而就有了很强的真实性和针对性，它们也因此能被认真执行，并也因此具有了存档的价值。

就竣工图来说，除个别因形成竣工图时遗漏或未按设计形成实体且未被查出的之外，其余的都是真实的，即与实物相符。

就材料、设备来说，假的问题主要体现在质量证明文件上，这在我们俗称的大路货上问题尤为明显。如建筑钢材，因供货渠道多种多样、供货商鱼龙混杂，物证不符是普遍性问题，对从厂家采购因而直接由厂家提供的质量证明文件，除非是大型生产厂家或少部分虽规模中小但内部质量管理体系健全的生产厂家，否则，也难保真实。

就施工记录来说，或是与费用相关的现场确认，如现场签证等，或是与技术、质量方面相关的。就前一类来说，承包商基于经济利益因素多报也可以理解，而建设方、监理人员是否据实审批，多取决于各审批者的责任心。但审批者也常会考虑到与现场确认相关计费原则、计费方法的合理性，以能通过

"变通性"的确认形成一个彼此均可接受的价格，其真实的意义因而也就退居其次了，正因此，这一类的真实性不在我们的考虑之列。就后一类即与技术、质量相关的施工记录来说，则其全部意义就在于真实，不真实就是在造假，这一类中的隐蔽记录，因为监理、建设方的足够重视，大多与实际相符。这一类中的检测报告极端重要，因为保证真实本就是检测单位的根基，因此，更少有作假。但其余的质量记录，无论是对施工过程的记录，还是施工结果的检查、验收记录，只要是由承包商自己填写形成的，大多难以保证真实。

假的资料、档案非但无益，反而有害，因此，我们必须全力防范资料造假。但不可否认的是，资料造假和现今对资料的过多要求有着一定的必然关联，承包商被要求提供、填报过多的资料，如老老实实地实测、记录、填报，必然耗费不少时间和不少人力，而监理和建设方项目管理基层人员对此的不认同又使假的资料轻易过关，由此，敷衍了事的造假就成为必然，这些就涉及到了资料的必要性问题。

7.4.2 只归档有使用价值的资料

就资料的必要性来说，我们从运行操作、维修改造、问题处理及责任判定、总结提升四个方面来遴选、甄别。其中的问题是指在项目交工后才出现或才被发现的质量问题，对于交工前就已经发现的问题，为了在交工后继续处理而保存相应资料，可视为项目建设的延续而另当别论，为竣工后的项目审计而保存的资料，与此类同。

项目管理资料，无论是各类计划和与计划对应的执行报告，还是通知单、联系单、签报、阅批件、信函、传真、备忘录等用以内外沟通、联系的文件，或是各类会议纪要，或是显示项目进展和项目重大事件的影像资料，虽然对于运行操作、维修改造意义不大，但在问题处理及责任判定、总结提升上却颇为重要。单就总结提升来说，这类资料构成了宝贵的"组织过程资产"，当建设方具有连续不断的同类项目时，它们更是意义重大。

设计方面资料，无论从哪个方面看，在项目竣工时的既有资料都应当全部归档，更不用说是竣工图了，就此不再赘述。

设备出厂资料，既有的也都应当全部归档，但不包括由制造商单方开出的，只有出厂日期、检验员名字或代号的合格证。出厂日期在其他资料中必有显示，内部检验员的信息，除非涉及对个人法律责任的追究或因制造的特定情况使其对建设方也具有了特定意义，否则，对建设方来说，并无意义，也没有保存的必要。同时，对因设备相同而完全相同的资料，如说明书等，当此类设备较多时，也不必按台存档，标示清楚、留够份数即可。

材料类资料，主要是质量证明文件，如果其上的化学成分、机械性能等特性参数不仅是用来证明合格的，也会成为施工时加工材料的依据，那么，它们的质量文件自然就需归档，以能满足交工后处理质量问题和维修改造的需要。如果其上的特性参数会成为运行操作的依据，也是同样道理。而如果因为作用机理复杂，我们无法认清其上的特性参数以及通过其上的批次等信息追溯而得的制造信息与工程实体的质量、与生产运行稳定性之间的复杂关联，那么，这类材料的质量文件也需归档。自然，符合以上条件的必定是特殊的材料，绝大多数工程材料，只要合格，质量文件上的特性参数以及材料的制造过程就与施工质量好坏、与运行操作、维修改造脱离干系，从总结提升的角度看，它们也都毫无意义。

此外，就绝大多数的材料而言，对交工后发生的质量问题，如果材料合格，它就不会是产生问题的原因，从合格的材料质量证明文件中是查不出工程质量问题的原因的，而如果是工程实体问题暴露出了材料不合格，合格的质量文件就必然有假。那么，只要归档的资料足以证明材料是哪方购买的、哪几方验收的、哪方施工的、哪方监理的，就可分清各方责任，这些信息是可轻易从其他必须存档的资料中获取的，因此，至少从理论上来说，绝大多数的材料质量文件在经报审、审查通过后保存到交工时即可，而无归档的必要。当然，如果实体重要，所用材料的质量文件也有必要整理后交建设方归档，但如此做的目的也只在三点：一在于对把不合格的质量文件按合格放行的事后查证上；二在于生产厂事后发现因生产问题导致材料质量存在严重问题，建设方通过质量文件追溯到这些材料用于项目的哪些部位上，压力管道、压力容器钢材的炉批号即有此等重要意义；三在于因工程实体问题暴露出了材料不合格，而对问题的整改又需要追溯到当时的生产过程情况。前两点也常是在质量问题乃至质量事故发生之后。

施工资料通常占交工资料的大半，而本不必归档的也最多，当我们重新考虑是否值得作为交工资料存档时，至少应考虑到以下三点：一是凡是可能追究到个人法律责任的即因施工足可导致质量事故的工序，如建筑物主体结构的钢筋作业、混凝土浇筑，特种设备现场的组对和焊接，其质量记录乃至其特定作业的过程记录都要存档；二是不合格品如不返工重做，与处理相关的文件、记录以及此前的施工过程记录都应存档，这既是汲取教训所需，也有助于对那些让步接收、降级使用或改作他用的实体予以应有的特殊对待；三是在前两点划定的范围之外，项目投用后仍肉眼可见的或较易复测的内容记录不必存档，项目实体的样子已清晰地已摆在那，描述它的记录却一堆堆存于档案室内，是不是有些像郑人买履了？当然，对那些其后难以再测量的外观数据，如不考虑是否可被用以统计、分析之用，其记录存不存档，要看生产运行、维修改造是否需要用到这些数据，比如与机械相关的，多有存档价值，而与建筑相关的，则情况相反。

按以上三点将施工资料遴选后，剩下的是合格而肉眼不可见、不会追究个人法律责任的众多资料。那么，这其中，又有哪些文件值得作为交工资料归档呢？

就此问题，我们先要辨识出需要归档的施工过程记录。施工过程记录，顾名思义，是承包商在施工作业时基于质量管控需要而形成的记录。因为施工过程的结果是施工实体，多数施工实体的质量足以通过检查、检测、试验和各层验收得到准确的判定，就这部分的过程记录来说，从哪个方面来看，建设方都少有将它们归档的必要。少数施工实体的质量难以通过后续检查、检测、试验等手段来验证或至少不能较经济地验证的，其施工过程也就是我们说的特殊过程，当它所决定的质量特性较为重要时，那么，与其过程相关的施工记录就应作为交工资料归档保存。当然，无论是否归档，过程记录所具有的重要性不会因为不归档而减弱丝毫。

如果我们按照以上说法将大量过程记录在项目结束时即予废弃或销毁而不归档，可能会让许多业内的高层管理者担心这将使承包商人员甚至是监理工程师胆大妄为，因为对交工后出现的质量问题，就无法查到是何人施工、何人监理的了。就此需要提醒的是，对较为重要的特殊过程的施工、对产生了不合格品的施工，它们的过程记录均是要归档的，而对于所有不是特殊过程的施工，随后的检查、检测、试验、验收都足以能发现存在的质量问题，而如果后续与结果相关的记录未显示不合格，也就是合格的。另外，在项目结束后，承包商、监理方也有由自己归档、保存的项目资料，单就内部责任追究到人这点来说，它们应当比交工资料对应部分更多、更丰富，如果再考虑到施工正是自身的主营业务或主要的业务领域，从总结提升的角度看，就更是如此了。

非过程性的施工记录，既是记录施工结果和验收情况的各类资料，也包括验收时的报审资料，同样需要我们以建设方角色，从运行操作、维修改造、问题处理及责任判定、总结提升这四个方面来认真甄别。对其中的各类检测报告、试验报告，因为它们不言而喻的重要性，必然要全部存档。对其他部分，单从出现或发现问题后的责任判定看，除非是那些深度介入到施工中的建设方，因为有必要进行内部追责而需要保存其中许多资料，否则，作为建设方，只需要保存那些能够判明或证明问题责任方的文件即可，当然，它们要足以能成为对簿公堂时的证据。从这个角度看，除了或许能说明资料内容是假的之外，凡是报验合格的资料，都没有以此追究承包商、监理方责任的任何价值。而从其他三方面以及从问题处理的角度看，就复杂多了，这就和材料的质量证明文件类似了。如果这些资料上的内容即数据或情况描述不仅用来证明合格，也将成为以后运行操作或维修改造的依据，如特定的施工测试记录、各类隐蔽工程记录，那么，它们必然要作为交工资料归档。如果这些在合格之上的内容与工程实体的内在质量特性、与生产运行之间存在着关联，或是因为其作用机理复杂而使我们无法认清这种关联，如在采用新材料、新的施工工艺时就时常如此，那么，它们也必然要作为交工资料归档。

对除以上之外的诸多施工资料，只要合格，资料上的具体内容就与运行操作、维修改造脱离干系，而从总结提升的角度看，至少对建设方来说，也没有多少意义，因此，除了那些较重要实体的施工资料仍应当作为交工资料由建设方归档保存，以避免将不符合要求的资料审查漏过而又无法追溯外，其他的，均不值得作为交工资料归档。

以上所说的需作为交工资料归档的各类文件见表7-1，表中所列均是指建设过程中的正式文件。

表7-1　需作为交工资料归档的各类文件

序号	文件种类	归档内容
1	项目管理类	全部归档
2	设计类文件	全部归档
3	设备随机资料	除制造商单方开具的简单合格证外，全部归档
4	材质证明文件	其上的特性参数等成为加工材料或生产运行依据的文件
4	材质证明文件	其上的特性参数等与工程实体质量、生产运行相关性不明的文件
4	材质证明文件	对应材料形成重要工程实体的文件
5	施工类文件	可能会追究到个人法律责任的施工记录
6	施工类文件	与不合格品形成及后续处理相关的施工记录（重做除外）
7	施工类文件	其后难测量却为生产运行或维修改造需要的外观数据
8	施工类文件	较重要特殊过程的施工记录
9	施工类文件	检测报告、试验报告 成为生产运行或维修改造依据的施工测试记录
10	施工类文件	隐蔽工程记录
11	施工类文件	其上的具体内容与实体内在质量特性、生产运行相关联或相关性不明的施工记录
12	施工类文件	实体的施工记录

在此需注意的是，对于已形成的各类施工资料，即使不作为交工资料归档，并且承包商、监理方也无必要在完工后归入自己的项目档案中，也都有必要保存到完工时，以便能通过建设过程中事后的各类检查发现遗漏的问题。这

些问题既可能是管理上的，也可能是施工作业上的或是实体上的，这些遗漏的问题被发现后，才能及早获得解决、纠正。例如，西北一个大型煤化工项目，在由建设方组织的专项检查中，通过焊材发放记录发现热电站炉管接口焊材用错，随即对可疑焊口全部进行了光谱检测，将其中焊材用错的焊口全部返工，从而消除了重大质量隐患。又如，我们通过施工资料中数据精准度异常、相关联数据相互矛盾等现象，以此发现资料虚假甚至是实体不合格的问题，由此，我们在监督责任方纠正问题的同时，也促使其加强内部质量管控或质量监管，并纠正资料的不真实。

建设项目的资料，首先要保证真实性，对其中作为交工资料归档的，则还要有长期保存的必要性。无论最终是否作为交工资料归档，对项目文件的要求都应当适度，在决定施工质量记录的范围和详略上，尤要注意这一点。范围，即什么作业的哪些工序、哪些步骤、什么实体的哪些方面需要形成记录；详略，即所记录的项的多寡和内容的详细程度。如果要求明显失当，承包商就断不会去实测实记的，必然会闭门造车地编造资料。其次，对施工本身的要求也要适当，即必须是处于一般承包商在所能达到的管理水准和施工能力的范围内，否则，相应的记录也是假的，即以假的资料来虚假地证明施工过程和施工实体符合要求，监理和建设方基层管理人员则会因深知其难而视而不见。对于有些施工验收规范中的过细、过高要求，承包商正是如此应对的，而这假又像病菌一样扩散到本可以做好的其他记录中。

第 8 章

项目管理团队组建和团队建设

要组建好项目管理团队,作为项目负责人,一方面,要根据项目组织内各单元、各岗位的职责、权限,考虑好如何保证相互间沟通的顺畅和便利,如异地办公、分散办公、集中办公的选择;另一方面,在选定项目人员时,要与总部部门经理乃至公司主管领导以及可用人选等进行充分的沟通。

团队建设的实质就是一种沟通行为,而使团队各成员之间能更顺畅、更有效地沟通也正是进行团队建设的目的之一。

8.1 异地办公、分散办公和集中办公的选择

建设项目,根据业务的不同及管理需要的不同,不同的参建方对它的参建人员办公工作地点的安排也会各不相同,或集中办公,或分散办公,或异地办公,根据办公地点的不同分成的这三类办公方式,如图8-1所示。其中的分散办公,在此专指在矩阵式项目组织结构(见图3-1)中,那些位于交叉点上的岗位人员,从横向的组织单元即项目组或从纵向的组织单元即项目部门的角度看,被分散在另一方向的组织单元即项目部门、项目组内办公这一情况。分散办公或异地办公,多有它存在的必要性,但也会因此产生沟通障碍,如处理不好,就会增大它的不良作用,从而对项目建设造成明显的不利影响。

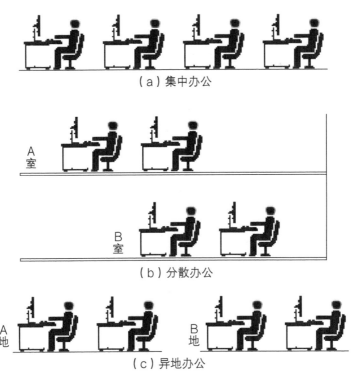

图8-1 依据办公地点的不同分成的三类办公方式

就建设方来说，如果它与项目直接相关的所有组织机构都只因单一项目而成立，比如要建起一座独立的工厂，那么，除少数人员外，其他项目人员都不存在异地办公。但这类项目常是大型建设项目，基于管理的需要，建设方的项目部通常采用图3-1所示采用矩阵式组织结构，这样，就存在着集中办公和分散办公两种情况。如果建设方此前已有专门负责内部项目建设的组织机构，在由它组建好项目部并开始运行后，如像采购、商务等方面的部分工作仍会在它的总部进行，因此，也就必然存在着较多的异地办公。

就监理方来说，因工程监理的业务范围仅限于现场施工阶段，除了随承包商一同考察厂家、检测试验室等偶尔外出外，它合同中的所有义务都是在施工现场履行的，人员虽然由总部选派，但选派这项工作本身并不属于监理业务，因此，它不存在异地办公。同时，除非是同一监理公司在同一项目所负责的工程规模庞大且业务多元需要采用矩阵式组织结构，否则，通常情况下，它也不存在分散办公，常见的就是集中办公。

就承包商来说，无论是EPC承包商或施工承包商，都有诸多项目上的工作、事项需在总部完成、办理，因此，异地办公并秒见。就承包商设在现场的项目部来说，如果所承揽的工程较具规模，就常会按职能划分成几个有各自独立办公空间的科室。但除非在同一项目承揽的工程规模庞大且分成几个不同合同，否则，通常不会采用如图3-1所示的矩阵式组织结构。同时，因项目机构并不庞大，办公室大多紧邻，与大型项目建设方项目部各部门相比，其项目部各科室间的交流障碍也小得多。

综上所述，分散办公主要存在于大型项目建设方项目部内，异地办公则既会存在于建设方中，也会存在于EPC承包商或施工承包商中，而无论是分散办公还是异地办公，都必然有它们存在的意义，具体表现如下。

（1）商务方面

无论是EPC承包商选定施工承包商还是建设方选定各承包商，都是在买方总部完成的。这或由总部直接完成，或由总部提供平台和必要的技术支持并在程序上给予监管，与之相关的各项工作则由项目部商务经理组织包括项目经理在内的相应人员完成。在此期间，商务经理需要身在总部。承包商确定后，即开始合同谈判，地点视自己这方人员情况而定，合同签订后，至少是建设方的商务经理要以现场为主要工作地，因为合同执行和合同变更都与现场情况或与自己这方和对方身在现场的人员紧密关联。

（2）设计方面

在设计条件上，非技改项目，与项目地点相关联的主要有地质状况、水文气象、周边公用设施，地质状况来自经勘探而形成的地勘报告，水文气象来自经多年观测而得到的水文气象数据，周边公用设施情况来自市政公用设施资料，因此，虽然设计人员在设计开始前有必要到项目所在地进行一番观察、感受或体验，但也无需到场设计。同时，无论是设计过程本身，还是设计的专业技术，都需要及时获得总部人员足够的配合、支持和指导，如在项目所在地做设计，显然就会给这些方面造成不小的障碍，同时，还会因此产生差旅费用且有时会产生设计人员工作低负荷的问题。因此，通常情况下，设计都在总部完成，建设方则派人前往乃至长驻设计方进行沟通。现场施工开始后，设计人员仍在总部继续设计，但对于规模较大或较为复杂的工程，设计方一般会派设计代表常驻现场，以作为解决设计问题、处理设计与施工之间、设计方与建设方之间相关事项的联络人和协调人。技改项目，如果与原有装置深度交叉、现场条件复杂或建设方的要求与现场紧密相关，则在项目现场进行设计为好。

（3）采购方面

将项目所需材料、设备放在公司总部采购，是基于总部集中采购的优势和质量上的保证。将各项目所需汇集于总部而使同类采购量变得庞大，由此获得集中采购的优势，这优势又随着项目的连续不断而与供方形成了相对稳定的合作共赢关系，由此在产品质量、供货时间、售后服务上，都更能得到保证。同时，对于复杂的材料、设备，只有总部具有足够的技术力量来及时、有效地完成采购，并通过对制造或供货过程的监管或对供应商的约束保证材料、设备的质量。且对于重要或关键的材料、设备，其质量责任之大也只有总部能够承担。当然，如果现场采购比总部采购具有成本优势、时间优势、信息优势且足以盖过其相对劣势，如建筑上的地材类，如零散、量小或时间紧迫要求到场且当地足以能保证质量的普通材料，就应当放在现场采购。

（4）施工方面

无论是承包商项目部还是建设方项目部，其相应人员自然都要以现场为工作地点，由此推而广之，凡是那些以现场的物或事长驻现场的人为主要工作对象的岗位，其人员自然都应当以现场为主要工作地点。

分散办公，就采用矩阵式组织结构的建设方项目部来说，在矩阵交叉点上的成员，横向归项目组的项目经理领导，纵向归项目部门的经理领导，这就存在着是在项目组办公还是在项目部门办公的问题。

如果单从做好项目组工作的角度选定在哪里办公，就只需比较为此与项目经理、其他业务经理等沟通的紧密程度和与项目部门经理、同岗位其他人员沟通的紧密程度即可。如果前者高于后者，在通常情况下，即应在项目组办公。当然，在项目部门办公也有它的益处，除了一人能够负责多个项目组这个最充分的理由外，还有一个较重要的原因，即让这些人在项目部门办公，可使部门经理及时了解项目组与部门业务有关的各项活动，进而能及时做出决定或及时与项目经理沟通，又因为同处一地，分散办公对项目组工作构成的不利影响比异地办公小不少。当然，应在项目组办公的就要在项目组办公，就常有的岗位来说，设计和以施工为主的自不必说；采购因为与设计、施工紧密相关也应当在项目组办公；商务和费控人员，即使不考虑常有的一人兼多个项目组这一情况，因统一管理以及对项目组监管的需要也应当在项目部门内办公。

表面上看，这三种办公方式只是距离不同而已，现代通信工具方便、快捷，似乎完全可以弥补分散办公、异地办公在沟通上带来的不便。分散办公或异地办公的沟通，以写的方式，或是以说的方式，或是以影像、视频的方式。邮件，是写的方式，包括电子文件的往来；电话，是说的方式；短信、微信等，则三种方式都可采用。但是，事情并非如此简单。

首先，这种说法忽视了与当面语言沟通相伴的非语言沟通的作用，当因事情复杂、敏感一时难以用语言表达时，非语言沟通更不可或缺，而它在非当面沟通中却甚少存在。

其次，与集中办公相比，另两种办公方式，人们沟通的主动性必然较弱，尤其是异地办公，除非相互熟悉且关系良好而可随意交流，否则，因不知对方是否方便、是否乐于交谈，如不是工作必须，相互就常难主动沟通，这就必然导致沟通的不充分。

再次，与另两种办公方式相比，集中办公还能使其内各成员经过迅速磨合，相互间在沟通方式、沟通形式、沟通内容上较快形成彼此都能接收的"习惯"，这对于具有时限性的项目来说，意义更显突出。

最后，集中办公因"身临其境"而获得的信息必然多于另两种办公方式，尤其是异地办公方式。这些信息庞杂、凌乱、细碎，虽然不是你工作的必要条件，但却像土壤中的养分一样为你的决定和行为提供信息营养，它们是使你获得整体感知，使你得以把握准确、掌握适度的信息基础。这对于建设项目来说尤显重要，因为在这里无论是事还是物，都时时在变，由它们生成的信息因此也在时时更新。

"身临其境"的重要，我们可以以会议为例，就会议决定来说，同一个执行者，因为参会而了解到了形成决定的全过程与他不参会而只是去执行，在原则性、灵活性的把握上，在贯彻决定的成效上，必然大相径庭。这就像一棵树，它扎在土壤中的根越多，它汲取土壤营养的能力就越强，它的生命力也就越强，也就能长得越发茂盛。与之同理，一个人获得的某类现实信息越多，他的相关决定和行动也就越贴近现实越强健有力，也就越能够实现自己的目的。反之，他的决定和行动必然羸弱无力、不堪现实的击打，这种不同的现实信息根基产生出不同的决定和行动，可用图8-2所示。

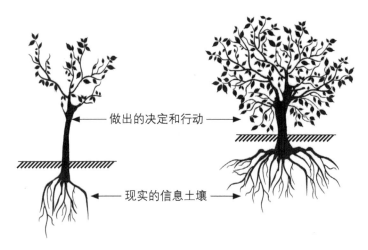

图8-2 不同的现实信息根基产生出不同的决定和行动

许多年前，欧美等发达国家就已兴起了居家办公，近些年越来越多的人加入其中。英国《金融时报》中文网于2015年10月就此发表过一篇《在家上班好不好》的文章，文中指出有研究人员经过调查后得出结论，居家办公会产生工作孤独、无意义的不良感觉。文中最后说："在一些时候，对一些人来说，远程工作很棒。但在大多数时候，对大多数人来说，这是有史以来最落后的政策"❶。这篇文章独到而深刻地揭示出这种办公方式不良的一面，但它却遗漏了重要的一点，即居家办公将导致交流沟通的严重匮乏，并因此给在工作中相互的合作、配合造成阻碍。

不可否认，技术的进步使交流沟通的手段日益多样而高效，现代化的信息交流、沟通工具打破了管理上的地域边界，像视频会议，其清晰度和音质都已足够高、足够好了，如果参会人数较少，就会议本身的效果来说，它已接近于当面开会了，大型跨国公司得以进行精细管控也正是基于这些信息技术的进步。基于同样原因，在建设领域，无论是施工承包商、EPC承包商，还是一个

---

❶ 有些幽默的是，它在第二年的7月发表了一篇同主题的文章《办公室工作已死》，文中说在家办公益处多多，而最主要的是省了办公室费用。自然，这两篇都只是这两个不同作者自己的观点。

集团内专门负责内部工程建设的组织，也借此能够更集权于总部。但与正式沟通因为这些手段而受益良多相比，非正式的交流沟通受益有限。自然，当将来有一天，VR虚拟现实技术的发展足以使我们与其他地点办公的人员如身临其境般在一起办公时，这几类办公在沟通上的差别就彻底消失了，而在那一天来到前，三类办公方式的差别仍然很明显。

集中办公既然如此利于交流沟通，那是不是都应当集中办公呢？显然不是，只要有总部和现场之分，只要有矩阵式组织结构存在，这三种办公方式都必然存在，同时，它们之间也都只是相对的。从项目部角度看是异地办公，从总部角度看就是同地办公；从项目部内项目组角度看是分散办公，从项目部内部门角度看就是集中办公。因此，面对分散办公和异地办公，关键是我们如何克服因分散办公和异地办公带来的交流沟通障碍。为此，应做到以下几点。

(1) 从公出发，综合比较

要真正从项目整体和全局的角度和高度，综合比较把项目相关事务、相应岗位放在总部和放在现场或是放在项目部门和放在项目组的利弊得失，进而准确判断，做出最佳决定。对此，不能不说，有的决策者会被误导而看不清现场办公的优势和益处，天真地以为凭着现代交流、沟通工具能克服异地办公产生的所有沟通障碍，从而有些自欺欺人地对那些贪恋都市的繁华和总部良好的办公环境，畏于项目地的偏僻和办公条件的艰苦而不想去现场的人采取纵容态度。当然，如果不想去现场工作已成普遍现象，无疑就需要在报酬待遇方面加大向现场人员的倾斜力度，从而使绝大多数成员即使不主动要求到现场，也能使他们在两地比较上具有基本的心理平衡。那些时常因扰于派人驻现场的公司负责人们不妨学学华为态度鲜明的激励机制，它重奖、重用去艰苦之地、危险之地的人，人因之而踊跃前往。

作为总部的领导或是项目的负责人，还要明白的是，自己的下属总是想让更多的人在他自己那边办公，给出的理由又总是"冠冕堂皇"，但其实却不乏对小团体利益的维护，对此要细加分辨，以免对相关岗位、相关人员的办公地点做出不当安排。

（2）对在总部的项目业务，必要时派驻现场代表

对在总部办公确是益于整体的，可采用派代表到现场的方式来促进总部与现场之间的信息交流，自然，这代表既要有足够的专业水准，也要有足够的沟通能力。设计代表的意义正在于此，他及时、准确地向总部设计人员反馈现场发现或遇到的与设计有关的问题和建设方在此阶段提出的意见或要求，并及时、准确地将设计进展和安排、设计相关问题研究、处理情况等向现场通报，同时，协调、处理现场与设计间存在的简单但数量却未必少的问题。而就采购来说，即使全部材料、设备都由总部采购，也应向现场派长驻人员，以在现场和总部间形成便捷、顺畅的沟通渠道，由此使现场对材料、设备到场或售后服务的时间要求、对现场发现的产品质量等与采购相关问题都能及时、准确地反馈给总部或供货方，同时，也使现场所需的诸多订货、制造、供货过程信息都能经此岗位及时、准确地传递到现场。

（3）清楚地界定异地办公和分散办公岗位的职责

要尽可能清晰、明确地界定自身组织内那些异地办公和分散办公岗位的职责，即对不在总部而为项目工作的岗位，要将其项目的职责尽可能地界定清楚，对于项目部内在项目部门或项目组办公的岗位，其对于项目组或项目部门的职责。对于异地办公，因不在项目现场，如果项目职责不清晰、不明确，必然易生怠惰，且既有的沟通障碍更会成为将他们自我游离于项目的借口，因此，除非是主动性和责任心甚强的少数人，否则，相应的项目工作难以做好。对于分散办公，鉴于固有的倾向性，尤其要将那些在项目部门办公的岗位对于项目组的职责界定清楚。在矩阵式组织中，各交叉点的位置是纵横两方向信息的交汇点，也是两方向沟通的中枢，对这些位置上的人员本应有更高的沟通要求。如果他不在项目组办公而对其职责又界定不清的话，这些要求就会因为责任更易推卸而更难被满足，甚至连小的沟通障碍都难以破除，这些岗位自然就更难发挥它应有的作用。在明确某个岗位的职责时，要基于项目对它的必然要求，充分考虑异地办公、分散办公的特点，尽可能避免其固有的劣势，并充分发挥它在总部或在项目部某组织单元内办公的优势，以满足作出如此办公安排

的目的。

（4）异地办公和被双重领导的人员要有沟通的主动性

就异地办公人员或位于矩阵组织下交叉点上的人员，必须要有足够的与现场或与分散办公的组织单元沟通的主动性。因此，在不知该不该沟通的时候，就应当沟通，在可沟通也可不沟通时，也应当沟通，当然，也要注意避免邮件泛滥、会议泛滥的问题。同时，无论是总部还是现场，无论是整个项目部还是其下纵横两个方向上的组织单元，都要大力倡导合作精神，形成整体合作氛围，以能将这样的精神和氛围填充在那些人的认识、经验还无法覆盖的区域以及明文规定有意要留给人们灵活把握的空白区域或模糊区域，以此有效克服存在其间的更大的沟通障碍。如果没有了合作精神和合作氛围，必然就会在这些区域中相互推脱责任和过错，并争揽权力和功劳，同时，也必然扩及其他区域，由此误导、隐瞒、虚报就会盛行，相比于这些严重问题，沟通本身也就无足轻重了。

8.2 组建团队的方法与关键点

无论是建设方还是PMC管理方、监理方或各类承包商，在启动项目确立或承接项目后的第一要事就是组建好项目管理团队，则又离不开有效的沟通。这主要是两方面的问题，一是在遴选可用人员时，为对他们有更深入或更全面的了解而进行的沟通；二是项目负责人就选人、定人之事与总部部门经理和总部领导进行的沟通。

为确保项目成功，首先就要确保成功的关键要素即人员的选择合适，这包括能力、责任心、积极性、合作精神以及与将有的项目组织文化的融合性等几个方面，同时也包括个人的意愿，这就需要对可选人员有足够的了解、认识，为此，或是直接与他本人沟通，或与了解他的人沟通。如果此前原本就与他有足够的工作接触且将安排给他的岗位不变或相近，除了个人意愿外自然不必再进行专门了解，但如果对方当时的岗位和现在将安排给他的岗位不同，那么，你仍需重新认识他的能力，而如果你自己当时也并非项目负责人，那么，你所站的高度和看的视角就先要调整到位，其中尤要注意既不可任人唯亲，也不可拒斥以往与你有过冲突的人。

无论是哪一类参建方，也无论工程的规模大小、复杂程度如何，都需要平衡和把握好项目组织的利益和总部的整体利益，在人员配备上也是如此。但是作为项目负责人和作为总部部门经理或总部领导，基于岗位的不同，必然会各有侧重。作为前者，除非到了对项目考核有明显不良影响的程度，否则，给自己配备的人员，通常是想着越多越好；而作为后者，却需要站在总部的高度，从总部的角度平衡人力资源的分配，矛盾冲突由此产生。在制度限定范围内，如何解决，就取决于各自掌握的信息和彼此的沟通能力了。古人云："知己知彼，百战不殆。"作为项目负责人，"知己"，就是为实现项目目标需要什么样的、各是多少的管理人员，"知彼"，就是能够提供给自己的备选人员是哪些人。除此之外，"知己知彼"还有更深一层内容，即基于整体利益考虑而使这项目做出妥协、退让的边界，也即可接受的最低限度在哪里，与之相应的是另外一端即总部可接受的最低限度在哪里。在与总部相关的事项上，项目部可发挥能动性的区域如图8-3所示。

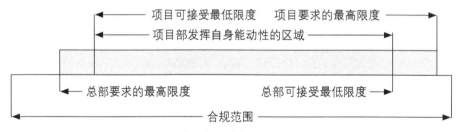

图8-3 项目部可发挥能动性的区域

两者间的区域构成了项目负责人发挥自身能动性的范围，这也正是他充分发挥沟通能力的区域。

作为项目负责人，无论是对总部的领导，还是对提供人员的总部部门经理，为获得他们在人员选派上的足够支持，要将项目与组织整体利益的关联性全面呈现给他们。这关联性，在项目启动或承接项目前他们即知晓，但你要在更新的或更深更广的基础上巩固、加深他们的认识，当然，这必须是你自身深切认识到且在建设过程中要全力保证的，而绝非是一种"忽悠"。以此为基础，你也可充分利用他们的信任或你与他们间的良好关系，但这利用必须要对得起信任和良好的关系。

如果总部同期开始的同类项目不止一个时，就可能面临着与同级的其他项目负责人争人的局面。在此情况下，作为项目负责人，你应当以"以我为主，兼顾同级"为原则，你项目之外的事是由总部管理和控制的，你的职责是做好自己的项目，在此就是配备好你自己的人，即"以我为主"之意。但同时，也不能为了自己的项目而罔顾其他，你必须有自己的"度"，"兼顾同级"正是这"度"的体现。为此，你不能损害整体利益，同时，还要维系与同级的合作关系，最低限度是要避免因你抢占资源而使自身的项目得不偿失。当你与另一项目负责人"争夺"同一人选时，首先要化解掉一切不必要的矛盾、冲突，即把那些并非事项本身但却附在其上而加重对立的任何非理性、情绪化的误解、错觉和面子、意气用事等降低到最小，乃至将它们剥落干净，从而避免矛盾、冲突的扩大或激化，即最小化对立。同时，你要就人选与对方进行坦诚充分的，既要详细讲明这个人选对于你项目的必要性，也要详细了解和认真判断这个人选对对方项目的必要性，如果对方显然比你更需要此人，且此人于对方项目上显然也更利于组织总部，那么，你就应当果断让出，这才算真正"兼顾同级"做好。

如果一个建设项目对于建设方或某个参建方具有重大的战略意义，项目负责人就常会由这个组织的高层管理者担任，由此，给项目分派人员的公司各部门经理就是其下级人员了。此时，作为项目负责人，你对直接归自己管的公司部门，在相应人员配备上，就具有了最大优势，但也正因此，就更要注意"兼顾同级"。这不仅在于避免引起同级的其他项目负责人更大的不满，乃至激起他们在各自"领地"内尽顾自己，也在于作为公司高层，更要考虑到整体利益，这也是你自己的职责所在。而对非自己直接所管的部门，"不为难、不纵容"应当成为你与部门经理沟通的原则。不为难，是指当你在人员配备上的要求超其权限或与其直属上级要求相矛盾时，你就要直接与他的上级沟通解决，不纵容针对的则是两种导致你的人员需求无法满足的情况，一是他不良的站队意识使其明显偏向其他领导,二是他明显是在保护部门的小利益乃至个人的私利。对此,无论这对你项目的不利影响是大是小,你都应及时给以态度鲜明的指责,这既是为了使你的项目获得应有的支持,也是以此矫正这种不良行为,驱散这笼罩在你组织中下层、阻碍组织发展的"瘴雾"。

就这一议题,最后还要说一说用人的标准,鉴于建设项目的特点,项目管理人员应以适当的业务能力、良好的合作意识、足够的沟通能力为准。无论何种岗位,都有业务能力上的要求,低之自然无法胜任,高之则是浪费人才,即适当之意。在工作分工日益精细且又日益紧密相连的当今,合作的成效往往决定了全局,而合作成效又较多地取决于合作意识和沟通能力。因为良好的合作意识形成了沟通的主动性,这主动性加上足够的沟通能力才使沟通能够有效而充分地进行。

有的人或许会说,我们有完备的组织结构、管理体系和规章制度,再加上正确的方针、明确的目标、缜密的计划,选人时,没必要如此强调沟通能力和合作意识吧?结构、体系和制度确实重要,它们如同建筑物的框架,但这还不够,无论是体系的运行和维护、制度的遵守、方针的贯彻、目标的落实、计划的执行,都莫不是靠一个个具体的人来做的,如果相互间没有良好的沟通和合作,就难以做好。鉴于建设项目的自有特点,就更需要强调沟通和合作了。这首先在于建设项目具有显著系统性和时时变化的特点,显著的系统性决定了各方面之间、各项任务之间紧密关联,时时变化更需要及时而充分的沟通,以能及时传递或获取新的信息。其次,建设项目的特殊性和临时性也对合作意识和沟通能力提出了更高要求。特殊性使同一项目组织内部门、岗位间的职权界限远不及运营性组织那般清晰、分明,有相当一部分工作或事项难按既有的规定或要求分清归属,沟通不足、合作不够,在对应事项上,焉能做好?大型建设项目,常用矩阵式组织结构,纵向上的和横向上的组织单元之间沟通不足、合作不够,非但不能发挥应有的合力作用和均衡管理,反会相互掣肘,使项目滞缓难行。因项目的临时性,项目组织也具有了临时性,其成员又多来自不同项目或不同部门,时间的约束又需要在短的时间内完成相互的调试、磨合,以尽快建立起互信,形成顺畅、高效的沟通、交往模式,没有足够的沟通能力和良好的合作意识,这也是难做到的。也因项目组织的临时性,容易使成员产生临时心态，这又易导致不负责任或相互的不良冲突，所有这些都需要用良好的合作意识和足够的沟通来避免和克服。

8.3 团队建设的要点

项目管理团队组建之后，即开始项目管理活动，直到完成或终止项目而解散。在项目组织存在期间，团队建设必不可少，它是培养相互信任、建立良好关系、强化合作意识、形成团队精神的有效方式。除此之外，对大型建设项目来说，它还具有消减不良情绪的功能。因为在大型建设项目上，项目成员大多长期处于在外时间长，在家时间短的状态中，即使建设方人员也多是如此，加之建设项目的多变性、快节奏、高强度和时常有的紧张氛围，易使人产生郁闷、焦虑、急躁等不良情绪，这些都需要得到舒缓、消解，而团队建设正有此效。团队建设是一个组织为了促进内部成员在工作中相互良好的协作、配合和支持而组织的活动，它不同于工作，但也不同于个人间基于爱好、兴趣的一致或精神、秉性的相通聚在一起进行的私人活动，它有些像工作中的非正式沟通，但却是一个团队所有成员参与其中且有策划、有组织、时间颇长的沟通过程。

不同的项目、不同的项目组织和项目阶段，团队建设的具体形式也多种多样，但实质则始终如一。它们或是通过共同活动中的协同配合，充分感受到合作的愉悦，并进一步认识到合作的重要；或是通过共同活动中的交流互动，使彼此进一步相互了解，并由此减少隔阂、误解和猜疑，消减产生不良冲突的因子，增加互信和彼此的交往意愿，从而为以后工作上相互的协作、配合、支持奠定情感、认识和意识上的良好基础。同时，在团队活动轻松、愉悦的氛围中，相互也更容易不留心结地找到彼此都能适应的交流方式，进而形成顺畅无碍、坦诚无疑的沟通习惯。

团队建设或是在工作之余，如拓展训练、郊游，或是在工作之时，如大家聚首一堂，以漫谈方式交流工作上的所感所想。无论在何时、以何种方式进行，对这些活动的安排都要尽可能地促使参与者相互的协作和沟通。如果是出去游玩，当然要玩得开心，为此，吃、住、行、玩的安排要流畅无阻、衔接紧密，并不可使人感到劳累、困顿，同时，既不可使参加的人感觉费用拮据，也要将钱花得好、花得值。如果是竞技类活动或是其他需成员通力合作方能完成的活动，则重在参与，而非竞技本身，此时，无拘束的快乐氛围仍是最基础的。如果是交流活动，则要使大家摆脱工作中的拘束而畅所欲言，尽可能地"知无不言、言无不尽"，并相互坦诚相待，而这需要参加活动的项目领导具有包容、开放的心态，由此方能避免因为真心话而产生误解和隔阂。在建设项目上，还有一种经常性的活动，就是聚餐，这种活动，类似于交流活动，因此，也要注意引导大家"真情流露"。

无论具体是哪类活动，都应当尽可能多地使平等、坦诚的氛围充盈其中。反之，如果在团队建设中也要明显地显示出权力的大小、等级的高低或也充斥着戒备、猜疑、争斗，就只能说明这个团队内部"病之重、弊之深"了，这样的活动，其效果也必定适得其反。对于团队建设，有的项目领导会纠结于自己是否参加的问题，如果这与个人的性情、爱好不相关的话，就或多或少说明了他有赖于那些显示出他领导身份的"外在饰物"来维持或强化自己的权力。毫无疑问，他越是拒斥这类活动，这种倾向就会越发严重，因为它与团队建设所应突显的平等、合作的精神和理念相背。

大型建设项目，就建设方项目部内的项目组或项目部门来说，其团队建设还要注意的是，只要在同地，不可因为其办公地点是否在自己这边而区别对待，即团队建设要包括矩阵结构中同一横线或纵线上的所有人员。无论是大型建设项目还是中小型建设项目，也无论是建设方还是其他参建方，也都应尽量让团队内的异地办公人员参加。其实，这些非集中办公的或异地办公的人员，更需要参加项目团队建设，因为他们与集中办公人员之间及他们自己相互间、更少有当面的接触更少有机会熟悉彼此，因此也更需要借此增进信任，形成适于双方的同时也是约束双方的信任维系机制和沟通方式，否则，相互的隔阂和矛盾必定更易产生，并且更难化解。

第9章

项目建设过程中
各参建方的日常往来

在建设项目上,主要参建方即建设方、监理方、承包商等的项目管理人员在一起的时间短则半年,长则达数年之久。在相互的日常往来中,无论是作为其中的哪一方,如何使其他方对自身形成应有的初期印象呢?当说真话或如实向其他方提供其所需信息与维护自身利益之间存在矛盾时,如何处理呢?因彼此相处日久而形成良好的个人关系时,又如何把握?这些都是彼此间能否形成持久、稳定而良好的日常往来的关键。

9.1 彼此形成良好的初期印象

在合同谈判时或是在中标通知书发出后，建设方项目管理团队就与对方即承包商、监理方等开始了接触，其后，最迟到对方首批人员正式进场，建设方与之再次接触，并开始正式工作往来。除非建设方另一个同类项目完工不久且自身有较固定的项目管理队伍，与建设方相对的另一方这次又是再次承接它的工程任务，否则，彼此人员相互间多是在本项目刚开始接触的。这些最初的接触形成了彼此对对方个人和所属组织的初期印象，初期印象又决定了磨合期内相互试探的范围以及往来方式、交流沟通的习惯，并在一定程度上决定了其后较长时间内日常往来的基调。

初期印象之所以有如此重要的作用，是因为它是在一片空白的脑海中打上的第一个烙印。基于人的天性，我们面对未曾接触过的事物都会感到新奇，并会仔细观察、端详，以能尽快做到心中有数，而一旦觉得做到了心中有数，也即形成了初期印象，其后再遇到同一事物或同类事物，就少有新奇感及因它而来的高度关注了。初期印象未必就是最终定型的印象，但却常是至关重要的，因为在初期印象形成过程中进入你脑海中的信息显然既是最多的，也是印象最深的，其后的新信息被吸收、形成记忆而融入到对对方整体认知中的速度会迅速衰减。

工程建设领域，建设方对自己这方初期印象的重要性为我们的承包商、监理方、设备及材料供应商等各类供方所熟知，并都会给予高度重视。作为这些供方，为把握初期印象利于自己的根本，以最充分地发挥它的作用，需注意以下三点。

（1）适当隐藏而又适时显露，真实展示又适度强化

就建设方对自己这方的初期印象，最要不得的是其中那些与真实自我不符且不利于我方的印象，为此，对形成与真实自我相符的印象会利于我方的方面，则在与对方最初的接触中，务要真实展示之，并给予适度强化。当然，这要与真实自我无大的偏离为前提。此外，因初期印象的重要，对自己这方可能

会引起建设方较大、较深误解之处，就应当暂时隐而不露，待彼此足够了解后再现不迟。在此注意，无论是隐藏还是强化，都不得使自身声誉受损且不得损害其他方的正当权益，更不能以此非正当地从对方那里获利，否则就是欺骗，而建设项目渐次展开的特点和当今信息传递的快捷、便利，使这更难"得逞"。

（2）把握好初期印象之度，做到"刚刚好"

这与第一点中强化的度的把握相一致，要避免因印象较高的"维持成本"而得不偿失，并要避免因建设方对自己印象的"破灭"而生出难以化解、使彼此正常关系难以持久维系的隔阂。因此，对建设方的过度恭敬和曲意迎合未必就是明智之举，尤其当对方是讲求实利或丛林法则的功利主义者时，在大型建设项目上，又因相互往来的时间长而更要注意。同时，需要真正以合作共赢为根本，即由印象推动彼此对对方进行进一步的正向认识、换位思考和理解，由此激活彼此合作共赢的积极因子，增进彼此合作的意愿和自觉性，进而形成较为持久的良性互动，这就是使初期印象发挥最大效应的有效方式。

（3）表现出足够的诚意

作为供方，与建设方初期的接触，除了展示好自我外，还重在表现出足够的诚意，即履行合同义务的诚意，遵守建设方规定、满足建设方管理要求的诚意，积极合作、共创双赢的诚意。同时，针对不同的建设方，也应适时适度地表明自己的原则所在，不能因为对建设方的迁就而从根本上违背自身组织的管理或文化，如果这关系到建设方重大的正当利益，那就必须先经自己这方最高层批准。这其实也是在表明维护自己利益边界的明确态度，自己的边界只能自己守，即使面对建设方，有时亦需如此，否则，有的建设方就会在建设过程中时常提出过分不当的要求，若此，就只能通过不断的磕碰、冲突来予以消减了。当然，除非在合同谈判时触及了这些原则，否则，大可不必正色告之。

作为建设方，你给各供方形成的初期印象，应当和你对各供方的期望要求相统一，即你期望或要求对方怎样，就要自己先在对方心中树立起怎样的自我形象。期望各参建方能创造出合作共赢局面，那就自身先践行之，并将之充分展示给各参建方。要对方积极履行合同义务和遵守项目规定，那就通过自身的决定和行动使对方认识到你对自身义务、规定的重视和履行的主动，遵守的严格，同时也要使对方认识到你对它此方面的情况也将认真对待、严格监督。正如博弈论讲求的策略，在此少不了强化性或渲染性的显示，将你的"墙"坚固地筑在对方心中，并显示它们凛然不可犯，对方将会望而却步，由此避免对方心怀侥幸而观望、僵持或与你不断纠缠。建设方给各参建方形成的严格要求、由己及人始终如一、言出必行的印象，是具有较强的威慑力和说服力的，当然，这是以合同、规定不存在大的偏失和较严重的不公为前提。

以上所述，无论是建设方，还是其他参建方，当项目工期较短时，会略有不同。项目工期短，建设方就更应展示出雷厉风行的作风，对有违自身明确要求的，就更应采取断然措施，以期在短时间内使对方的意识、理念、思路等强制性转换到与自身要求相一致的轨道上，从而避免因磨合时间长而浪费项目的宝贵时间，而这其实也莫不是通过初期印象在发挥着作用。项目工期短，作为其他参建方，维持自身良好印象的成本通常会较低，因此，它一方面更应积极履行合同义务、严格遵守项目规定；另一方面，在需要它于合同之外给予配合乃至付出的事情上积极行动，就将获得建设方较为稳定的良好印象，并形成良好的口碑，而这显然有益于后续项目的承接，乃至与这一建设方就此形成持久的合作关系。

9.2 真话不全说，假话全不说

无论你是代表一个独立的组织，还是代表一个特定的团队，或是仅代表你个人，你在与对方沟通时所提供信息的真实性都决定了对方对你所代表的组织或团队以及你自己的信任程度，自然，这是以对方会正确核实、判定为前提的，而对方之于你，也是同样的道理。彼此的信任程度又决定了彼此往来和彼此合作的深度。但基于维护自身利益的需要，谁都不会将自己所掌握的信息全部如实地提供给对方，即便这是对方切实需要的。而如果提供不实信息会使自身获利，有的人就抵御不了诱惑了。在建设项目上，只有认清并处理好这其中的矛盾关系，才能做好项目上的日常沟通。

因为人群居的天性使社会得以形成，道德、价值观念、行为规范等文化因素则使社会更加牢固而稳定。鉴于如实提供信息、维护自我利益、获得信任之间的复杂关联，"讲道德"就成为我们在项目沟通中应秉持的基本原则，它首先要求我们"不就事实说假话"，"事实"在此是指外在既有的实际情况，"说"在此泛指以口头、文字、影像等方式发送信息的行为。这道理本也是我们在社会中进行日常交往应当遵循的，鉴于建设项目的自有特点，这一道理在建设领域具有了更多更强的价值观念因素。

同时，因为建设项目天天在发生变化，需要大量真实情况汇总到管理者那里，以能及时做出决定和安排，如信息不实，必会产生偏失乃至出现方向性错误，而这除了造成直接损失外，还会同时造成时间上的损失。有时，时间上的损失甚至会比直接的损失更大。因此，在建设项目上，"说假话"更不会被接受。因为项目的临时性，每个新项目伊始，各参建方或作为各个个体的人相互间都必然有一个相互磨合、调适的过程，且项目的时间约束又要求这过程尽快完成，为此，在建设项目上，倡导的是有话直说，这样才能因相互了解、认识的加快而尽早完成这一过程，这是比"不说假话"更高的要求。"讲道德"也要求当我们为了保护自身的正当利益选择不说或就非事实类事项心口不一时，不能因此使其他方的正当利益或项目整体的利益受到损害，当我们无法兼顾而需要权衡时，最低要求是对其他方的利益或项目整体的利益给出的"权重系数"不能低于建设领域中同类的组织或同一职业、同一层级给出的最低线。如果能将彼此利益一视同仁，那么你就属于一个高尚的组织或你自己就是一个高尚的人。

在满足以上要求的前提下，我们就可以将"不说的自主权"和"认识的内在性"拿来为我所用了。

（1）不说的自主权

我们基于保护自身正当利益的需要，对某些信息隐而不说，这是对人的非理性、自私性、认识和意识上的局限性做出的必要防范。康德说的"一个人所说的必须真实，但他没有义务把所有的真实都说出来"，意思也是相同的。在建设项目上，作为建设方，除涉及商业秘密或技术秘密外，不应当"说"的事并不多。而作为其他参建方，如完全按建设方或监理方的要求将自身情况全面、翔实地提供给对方，就会使自己完全暴露在对方面前。当对方存在过程监管过度的问题或还未能践行"与供方互利的关系"这一原则时，这显然会使自身权益更易受到侵犯或是损害。

（2）认识的内在性

不同于那些外在事实类的信息，人的所思所感难以被证伪。除非是自相矛盾，否则，别人难以根据既有信息判断某人表述的和这个人真正的感受、理解、认识是否一致。也正因此，孔子言"听其言，观其行"，唯有对这个人的行为进行为时或长或短的足够观察，方能作出判断，俗语说的"日久见人心"与之同理。因此，对这些内容，因不会受到像外在事实类信息那样严格的约束而可在一定程度上不必心口一致。这道理其实早已被古今中外诸多伟大人物们熟练应用，但它也是一把双刃剑，用之不当，就会被它所伤，为此，必须要满足前文中所述的道德要求，并严格限定其度，否则就是虚假的，同时，还要在一定时间内保持必要的一致性。既要求言与行的一致，也要求言或行本身的前后连贯，为此就必然要付出成本，而这也决定了它不能与实际有太大的偏离。

在建设项目上，一方面，项目的快速推进使新信息源源不断地涌入，随后又因为时过境迁而变陈旧，这就降低了因言行不一、前后不一所产生的外在的道德成本。但另一方面，项目自身的系统性使得因这类不一致所产生的问题更明显，从而使其更为突显。两种不同趋向，究竟哪个占主导，要看所涉及事项的大小或重要与否以及它与整个项目的关联性。正因此，大事、重要事、涉及整个项目的事，我们应当坚持心口一致。

9.3 监理的"先兵后礼"和"先礼后兵"

在监理行业，就如何对待建设方和承包商流传着一种说法，即对前者，要先礼后兵，对后者，要先兵后礼。这样的说法中也莫不含有些沟通的道理，当然，它难以单独构成监理对外往来的一项原则，而是必须加入一些其他的内容,这样才能把握好分寸,做好与建设方和承包商的日常沟通。

监理服务于建设方,监理的实质权力来于建设方对它的信任和支持。在双方接触初期,基于初期印象的重要性以及为突破对方可能怀有的、不利于己的刻板印象或知觉定势,监理应当以友好、诚恳的态度先在建设方那里建立起良好沟通、往来的认知基础和情感基础,从而为以后经过彼此调适和磨合形成最有效的沟通、交往模式,为以后在沟通中减少误解、怀疑和疑虑打下基础,这基础越是坚实,以后彼此沟通时的"噪声"就会越小。而如果不先以礼相待,就容易使建设方对自身形成不良的初期印象,那么,在后续沟通、交往中,就可能如"人必先疑也,而后谗入之"所说的那样,诸多不良因素将形成巨大的"噪音",严重阻碍了相互的沟通,乃至使双方难以进行良好的配合、协作。

监理对于承包商来说,是监督它的一方,监理依据法律法规、合同、标准、规范、设计文件等来监督它,在它满足各项要求的过程中,检查、核证其过程和结果的符合性。因此,监理这一方重在约束和遏制承包商的不良行为,并促使承包商严格履行法定的和合同上的义务,遵守标准、规范,满足设计要求,因此,监理在承包商那里的权威性和威慑力对于监理充分发挥自身作用必不可少。如果监理没有了自己的权威性和威慑力,承包商基于自身不当利益的不良想法就会伺机而动,因而生出诸多本非必然的冲突。与此同时,承包商对监理的指令和要求也少了应有的重视,由此使监理的大量时间和精力耗费在与对方的一次次博弈交锋和费尽心力的督促中。反之,如果有了足够的权威性和威慑力,将使这类不必要的"消耗战"减少到最低程度。而"先兵后礼"之"先兵"正有助于此,即监理在与承包商工作往来的初期,要充分表明他维护自身指令、要求的严肃性以及维持承包商对他应有尊重的坚定态度,由此使之不敢轻易冒犯,这就像动物摆出凶猛样子或发出吼声吓阻或威慑周边动物一般。当然,这也必须以监理自身具有基本的公正态度、足够的管理能力和专业能力为前提。

对建设方的"先礼",对承包商的"先兵",还有个重要原因,即以此抢先获得建设方的信赖,从而阻止承包商与建设方之间形成不良的交流沟通习惯和信息往来关系。作为建设方,就监理所及范围内的各类事,当然不能仅听监理的一面之词，而是要与承包商建立起相应的信息通道，但是，如果过于依赖承包商提供的信息，甚至失去了自己的独立判断而到了偏听偏信的程度，就必然会给监理工作带来相当大的危害，而这也正是承包商基于不良目的牵制监理的惯用手段。为避免这种情况出现，监理就需要与承包商展开一场获得建设方信任、建立良好关系的竞争。为此，作为监理，一到场，首要工作就是要尽快赢得建设方的信任，尽快与建设方建立起顺畅、便捷、少有"噪声"的信息通道，同时，面对承包商有损建设方对自己信任的不良行径，要予以态度明确的迅猛回击。如其不然，就很有可能失去达到以上目的的最佳时机，因为在你与建设方之间还在相互揣摩、相互熟悉的时候，承包商与建设方的关系已经达到了一种并不利于你开展工作的亲近程度，你与建设方之间的一个主要"噪声"源就形成了。

作为监理，礼之后的"兵"，是在你与建设方已相互熟识且形成了较稳固的互信和情感关系，双方间的交流已能顺畅无阻且具有了足够的韧性和弹性之后的事。礼之后的"兵"，当然不是要与建设方形成竞争状态或对立关系，这样你的"礼"就没有了任何意义，而是要开始沟通那些在"礼"之时为避免生成难以消解的误解和隔阂而暂时隐而不发的内容与建设方进行坦诚的沟通，它们大多只是对自身的正当权益的争取或维护以及基于项目整体利益对建设方的提警和建议。因此，于"兵"之时，最为重要的是仍然要以尊重、合作的态度对建设方以诚相待，这也正是此前的"礼"能在此时发挥作用的基本前提。而如果以功利心态乃至投机心理来先礼后兵，前后就都不是以诚相待，那么，将先礼后兵之"兵"说成是"原形毕露"更为贴切，若此，你辛苦获得的建设方的信任和良好印象也必难持久。

作为监理兵之后的"礼"是在你已经在承包商那里树立起了较稳固的、必要的权威性，具有了抗现实击打的威慑力之后的事。兵之后的"礼"，是监理作为监管方向承包商展现出能够浸入其心的理和情，由此形成最利于自身开展工作的适当关系和沟通模式，而如不然，单凭外在的威势开展工作必难持久，到后来彼此就可能会陷入冲突不断的不良状态中。除此之外，兵之后施以"礼"还有一个必然如此的理由，就是有助于彼此沟通通畅，即使是监理，也有必要从承包商那里获得各类真实、原生态的非正式信息。这既包括事实类的信息，也包括承包商的想法、思路、看法和建议，这对于补充正式信息，从而使信息鲜活，使自己能更直观地认识现实、更贴切地把握现实，对于从不同角度、不同高度看待问题，从而找到更多方法、形成更多方案，都是大有裨益的。而如果监理只有因"兵"而生的威势，就会给这类信息的传递制造了障碍，乃至堵塞了这类信息源，也就难以从承包商那里获得这些颇有益处的信息了，甚至连承包商提供的正式信息都因此是片面、虚夸而不全面、不真实的。反之，通过先兵后礼之"礼"则敞开了这种非正式的信息渠道，从而使监理能够在所管范围内广开言路。

虽然以上论述是站在监理方的角度上论述的，但只要是居于建设方和承包商等各类供方之间并受前者委托来监管后者的一方，以上所说的道理就都是适用的。

9.4 相互交往中的感情把握

建设项目，尤其是历时颇久的大型项目，建设方、监理方、PMC管理方、承包商及固定供应商的项目成员及相关人员相处日久，除了少数因彼此文化差异过大始终难以融洽相处的之外，相互间的感情和关系都必然逐渐加深。一方面，这些使得彼此的日常沟通和彼此的协作和配合更为顺畅而高效；另一方面，如把握不好，容易迷失自我，尤其是建设方、监理方、PMC等管理方，甚至会因此背离合同或不再积极、严格地履行监管义务，而这显然会对项目本身构成不利影响。

在有明确时间要求、有更多外在不可预测性、各项任务又需要多方协作才能完成的建设项目上，相互交往中的感情和关系更为重要。所以，作为建设方、监理方、PMC方的人员，在与承包商或供应商的工作往来中，对相互间的感情和关系，都应当按以下四项原则处理，这样才能让它们发挥正面、积极的作用。

（1）不受不当之利

此项意指不能因感情或关系亲近而受不当之利。在此要强调的是，对方给个人的利益都不会是正当的。正如各类腐败案件给我们的警示，承包商、供应商输送给个人的不当利益必然是要他在暗中以大得多的组织利益来回馈的，在这种把个人拴在其中的利益关系建立起来之前，他们必然要对个人进行"感情投资"，在此期间，不当之利混于感情之中使人难以警觉，自然也就不知防范了。因此，即使是对方人员以个人名义给的私人赠品，除非彼此感情深厚且已经形成了平等的有来有往，否则也都应当一概拒之。

（2）不违背合同和项目规定

合同和规定就是边界，它们是因彼此良好的合作而在利益上向对方倾斜的边界。合同是彼此行动的基准，也是既定的"游戏规则"，项目规定则是建设方用于管控项目的制度性文件如果你无视它或随意突破它，合同和规定的权威性、严肃性必然受到重创，这也就动摇了对项目进行有效管理的基石。

（3）不因感情而误识误判

此项与我们常说的"不能因为感情而失去理智"类似，它也是我们在处理任何对外事务时所应秉持的态度。因为建设项目过程管控的特点和自身的监管角色，在此尤要注意，以避免因感情而模糊了眼睛、燥热了头脑，使自己在与对方相关的事项中不能理性、冷静地认识、分析和研判，从而对自身组织、对整个项目造成不利影响。

（4）可由公入"私"而勿由私入公

约翰·洛克菲勒曾告诉小洛克菲勒，我们要基于利益之上的友谊，而不要基于友谊之上的利益。同样的道理，因为有着共同的组织利益和相近的组织文化，项目人员彼此沟通、合作良好，由此莫不可形成个人间的良好关系。但是，它既然因公而来，也可因公而去，即以组织之利作为把控、处理这类关系的基础，无所顾虑、无所牵挂，而非主次颠倒，让其反客为主，这就是可由公入"私"之意。反过来，我们却不能由私入公，即不应当将私人关系带入以组织成员角色进行的往来中，这既是为了使组织免受私人关系之扰，也是为了使私人关系免受组织之扰。

其实，以上这四项，同样也是承包商人员应当做到的。以此为基础，才能使我们对对方组织、个人的认识、评价和判断保持足够的理性、客观，才能以此避免产生不实之好、托人以难成之事、期人以难遂之愿。同时，也才能对良好的感情和关系在相互合作中的益处有更深的认识，从而形成并把握住更多的互利机会，以此在现在的项目以及后续项目中充分创造出合作共赢的良好局面。

第 10 章

认清冲突和管好冲突

冲突是"由一个人感知到另外一个人对其所关心的事物产生了或将带来负面影响的一个过程"[1]。也可以说,针对同一事物,如果彼此对对方存在着不良感受或认识,这些感受或认识相互作用、影响的过程就是冲突。

无论是什么冲突,都总是与沟通紧密关联,这正如传播学家威廉·威尔莫特和乔伊斯·霍克所说,沟通行为通常会导致冲突,沟通行为会反映出冲突,沟通时解决冲突的方法可能产生积极或消极的后果,也正因此,处理冲突成为沟通管理中不可或缺的一个重要方面。

---

[1] 引自詹姆斯·S. 奥罗克,沟通管理——以案例分析为视角(第4版),中国人民大学出版社,2015。

就建设项目来说，它的自身特征使冲突更为频繁，也更为强烈。因为参建方多且常来自四面八方，大型项目更是如此，各参建方组织之间、项目成员之间必然差异纷呈。又因项目的临时性、一次性特征，使其中不少人以往是相互不认识或是相互少有往来、接触的，也使短视心理、短视决定、短视行为更易盛行，他方或他人的利益和感受更难被顾及或充分考虑。因项目的独特性使许多具体事项既无章可循，又无成熟经验借鉴，项目相关的规定、约定或决定也难免考虑不周乃至考虑欠妥。以上这些都使工程项目在建设过程中冲突频发、冲突强烈。

依据沟通学理论，冲突源于有限的资源、价值观、目标、优先权、责任的界定不清、变化和对成功的人为驱动，这针对的是同一个组织内人与人之间的冲突。美国项目管理大师哈罗德·科兹纳认为冲突源于项目优先权、管理程序、进度、人力资源、成本、技术、个性这七个方面，这针对的是项目中同一个组织内个人、团队、部门之间的冲突。建设项目中各参建方组织之间，居于不同组织的人员之间，其冲突主要源于与以上大有不同的七个方面，即文化上的差异，工作方式、习惯、性格、性情的不相适应，在目标分解和计划、方法、措施上的分歧，单纯利益因素，权利义务理解上的分歧，信息方面的问题，彼此的误解。

既然冲突难以避免，就要对它进行有效管理，对冲突有五种处理方式，包括迎合、竞争、回避、折中、协作，它们也是冲突管理的五种风格，如图10-1所示。

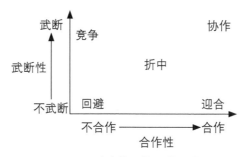

图10-1 冲突管理的五种风格

这五种处理方式中，迎合是完全单方面的行为，即一方迎合，另一方获得完全满足。竞争是彼此"兵戎相见"，胜者获得满足，败者只能承受，是双方共同的行为，或是双方原就都想以此方式处理冲突，或是双方都不愿迎合对方，也不接受另一方提出的折中、协作的处理方式，此时，一方主动出击，对方无可回避或不愿回避，因而全力迎击。回避，可以是单方面的行为，此时，除非对方能够通过其他处理方式使之不再回避，否则，对方也无所作为。也正因此，回避也能成为弱者的武器或筹码，回避也可以是双方行为，此时，冲突之事目前必然无关大碍，但以后也可能因为变得严重而再无法回避。折中，是彼此都不愿迎合对方，亦都不愿一争高下，且也都不愿回避或一方想回避而不得，同时，也未找到都认可的协作途径而必然采取的处理方式。协作的结果则是双赢，它不仅使彼此都直接受益，还加深了彼此的合作关系，但这需要确实存在双赢的可能性，同时也需要彼此都有合作意愿，有的时候，冲突恰是因缺少这一点所致。五种风格的冲突管理过程和结果如图10-2所示。

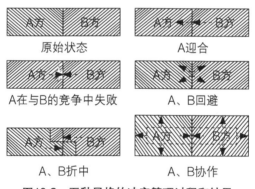

图10-2 五种风格的冲突管理过程和结果

冲突未必就是有害的，有时冲突也是有益的，冲突各方通过在理念、观念上，在意识、认识上，在想法、看法等的碰撞而将事项或问题的复杂、多面及处理、解决的多种途径、多种方法展示出来，由此拓宽我们的视野，提升我们所站的高度，从而使我们能够作出最佳决定或能够妥当地处理、解决相应事项或问题。当然，负面作用与冲突是如影随形的，如何使负面作用降至最低、使正面作用得到最大限度发挥，关键就在于是否能对冲突进行有效的管理，而这就与是否能够采取妥当的解决方法相关了。

正如前述，建设项目中的冲突有七类根源，其中的一些根源又有几种原因或又分成几个方面，建设项目冲突的根源如表10-1所列。以下将它们的管理之法、解决之道逐一论之。

表10-1　建设项目冲突的根源

序号	冲突的根源		
1	文化间的差异		
2	工作方式、习惯和性格、性情的不相适应		
3	在目标分解和计划、方法、措施上的分歧	供方无诚意或无能力实现目标	供方无诚意实现目标
			供方无能力实现目标
		建设方等过度介入	供方无诚意或无能力实现目标
			对监管权力的认识差异
			谋取个人非正当私利
			风险承受力不同
		信息、经验、知识上的差异	

续表

序号	冲突的根源		
4	利益因素	合同的执行问题	质量方面不符合约定
			安全方面不符合约定
			文明施工方面不符合约定
			进度方面不符合约定
			措施、资源方面不符合约定
			建设方有意拖欠、克扣工程款
			承包商在报价和承诺上出现的问题
		合同未定之事处理上的问题	
5	权利和义务理解上的分歧		
6	信息方面的问题	信息不对称	
		合同主体未履行信息提供的义务	
7	彼此的误解		

10.1 文化间的差异

当文化间的不同难以被其中一方包容时，冲突必然产生。在建设项目上，这主要指各自的组织文化的差异，其中最关键的是在彼此核心价值观上的不同。当然，行为规范的不同也能导致冲突，而当参建方来自不同地域、不同民族且在彼此往来中显示出的地域或民族文化因素明显不同时，它们同样会成为冲突之源，更不用说那更为坚固持久的信仰因素了。

颇有管理理论水平的马云说他们招人、用人时首先要保证他与阿里巴巴的组织文化不存在根本冲突，在对员工的考核中，也将他们的表现与组织文化的一致性作为一项重要内容。与之类似，组织间的合作也应当以彼此的文化不存在根本冲突为首要条件，而供需关系是组织间最基本、最常见的合作形式，因此，从道理上说，建设方不应当选那些核心价值观与自己这方的核心价值观难以相容的组织作为自己的供方，否则，在相互往来中就会冲突不断，而自身的组织文化也可能会受到侵蚀，并无法建立起自己所希望的项目文化。当然，在现实中，这会因供方种类的不同和项目历时长短、复杂程度等而有所不同。

在选择监理方或PMC等管理服务类的供方时，因为它本就代表着建设方，因此，无论在何种情况下，所选定的这类供方都不能与自身组织的文化核心因素相冲突。

在选择材料、设备供应商时，对已标准化的或具有通用性而不必定制的材料、设备，除非是长期供应合同，否则，因彼此不必深度接触，也不需长时间往来，就不必考虑组织文化上的冲突问题。反之，如果是需要定制的复杂且重要的材料、设备，就应当考虑组织文化的冲突问题了，而如果是长期供应合同，如果要与对方建立起合作伙伴关系，那就必须将彼此文化的相融性作为重点考虑因素乃至作为前提条件了。

在选择承包商时，基于现实的复杂性，通过权衡利益和文化冲突，有的时候，建设方也不得不用那些在文化核心因素上与自身相对立的组织。当然，这应仅限于历时短且要求简单、技术普通、标准明确的项目，同时，自身还要有驾驭对方的把握。

在与对方往来的过程中，尤其要注意维护好自身文化。凡基于彼此的文化核心因素而生的冲突，当然没有以协作方式处理的可能，当这又涉及彼此稍显重大的利益时，任何一方也不会迎合对方。基于实利，也未尝没有以回避和折中的方式解决的可能，但在此种情况下，必然是以一方或彼此都认清了对方的实力和底线为前提。例如用竞争方式解决问题，在初期冲突解决之后，建设方就要向对方充分展示维护自身核心价值观和相应原则的决心和实力，乃至继续以实力和优势地位使其始终按自己的要求来做。

冷战时期，面对社会制度、意识形态的对立，美国国内智囊提出的威慑理论成为美国政府应对苏联的强有力的理论武器。它的核心是合作、友好的态度不会使对方停止扩张，甚至反使其变本加厉，必须通过实力和对决心的展示让对方看清自己这方不容触碰的底线，从而使其基于忌惮而停止冒险。当然，即使彼此的核心价值观等文化核心因素相互对立，建设方与对方之间也远达不到那种紧张对峙的程度，但是也未必就没有近似之处。单就其中的回避来说，它以既不会因问题拖延而使自己受损更重，也不有违自身的原则为前提，而如果采取此方式应对是自身的单方面决定，则自己还要有使对方无法采取竞争方式的"藏身之地"。

对那些不是基于自身的文化核心因素而起的冲突，其中一些仍是以回避、折中方式处理为妥。有些冲突因为有互利的可能，应该先寻求以协作方式处理，当冲突不涉及自身较为重大的利益时，也未尝不可以迎合方式待之，尤其是当这冲突只是基于对方的文化核心因素而产生的时候，此时，采取迎合方式也是在向对方展示自己对对方文化的足够尊重。冲突只因一方的文化核心因素而起时的处理方式如表10-2所列。无论如何，在这些情况下，处理好冲突的关键是彼此文化的核心因素中要有足够的开放性，即便这是基于实利。

表10-2　冲突只因一方的文化核心因素而起时的处理方式

序号	是否基于A的核心文化因素	是否基于B的核心文化因素	A的处理方式	B的处理方式
1	否	是	协作	协作
2			迎合	接受迎合
3			回避	竞争或接受回避
4			折中	接受折中

注：主动寻求协作者应当是A，当A回避而B也无机会与其竞争或B认识到竞争将会使自身遭受重大损失时，则B只能接收A的回避，B接受A的折中同样也只是基于对A的实力的认识。

作为建设方，对于历时较长或较复杂的项目，在选择承包商时应当以彼此的文化核心因素相容为前提。当然，即便相容，建设方为了维护自身文化的核心因素，有时也会与对方产生冲突。而既然彼此的文化核心因素并不对立，在此种情况下，就不会触及对方文化的核心因素，建设方因此应当向对方展现不可妥协的态度,这样对方就多会以协作或回避、迎合的方式对待。当然,如果建设方接受对方的回避仍有违它自身的原则,就不要允许对方以回避方式应对了。如施工人员因监理的严格而动手打了监理,这个施工人员再重要,建设方也必须要求将此人清除出场,而不能任由承包商让他暂避一段时间后再度回来。还有一种冲突是因彼此文化核心因素的差异导致的冲突,但这与那些因文化的根本对立导致的冲突性质不同,这类冲突可视为彼此文化的正常碰撞,它是一种良性冲突。此时,无论是建设方还是对方,如果它们的文化具有足够的开放性,那么,它们就不但能承受并包容这些碰撞,而且还会认识到对方文化中的那些更强韧、更具活力、更与时代发展趋势相契合的文化因子,并借鉴吸收之,以提升自身的组织文化,并共同促进良好项目文化的生成。

外围的文化因素如行为规范、礼仪及最外一层即外在形象的明显不同也会引起冲突,其中,因地域文化或民族文化因素而产生的冲突尤为显著。作为供方,对于此类冲突,除非是对方即建设方有侮辱性质的行为或言语,否则,都应遵循客随主的原则,以迎合态度待之,这是建设方具有的与"地主义务"相伴的"地主权利"。作为建设方,也要恪守自身权利应有的边界,以包容的精神和态度来认识、对待彼此的差异,而不能以唯我独尊、颟顸自负的态度待之,否则,必将严重伤害到其他参建方的文化尊严,从而给双方以后所有的往来蒙上难以挥去的阴影。在彼此日常的往来中,各方仍有保留各自文化特色的权利,同时,对那些于"地主"无相违之虞而对"客人"来说却是忌讳的事物,建设方要做出适当安排,以避免在往来中犯对方忌讳,而这也莫不是在"尽地主之谊"。当然,作为建设方,如果你把项目建在了其他国家、其他民族区域,或是建在了有着明显区域文化特征的其他地区时,那么,当自身文化与当地文化在行为规范、礼仪和外在饰物上相冲突时,你的角色就并不是"主",而是"客"了,因此,要以迎合方式待之。最后,还要强调的是,作为"客人"的参建方,要就这些外围文化因素上的显著差异在自身项目组织内进行详细的交底。同时,无论是主是客,都要在内部倡导尊重彼此民族或地域文化的包容精神,而对内部人员就文化差异表现出的狭隘、封闭、自大心态,则都要及时矫正。

10.2 工作方式、习惯和性格、性情的不相适应

　　这类冲突的起源，就是哈罗德·科兹纳所说的"个性"因素。建设项目不同参建方间的此类冲突，既可能发生在建设方或监理等监管方与承包商、供应商之间，也可能发生在建设方与监理等向建设方提供管理服务的一方之间。在这两类情况下，如果前者对后者提出的要求中融入了其工作方式、工作习惯乃至个人的性格性情，而后者即对方项目组织和对应人员的工作方式、习惯或性格、性情又与之差别甚大，后者就将难以适应、难以合拍，冲突由此产生。比如某项重大而紧迫的任务，建设方要求承包商每日邮件汇报，而对方却习惯当面汇报，或脾气急躁的建设方项目负责人怒斥某一方对应人员，而对方又是个性情温和但自尊心较强的人。因这类因素而起的冲突在双方"蜜月期"过后的"磨合期"中尤为频繁且严重。

　　作为与建设方或监理方等相对的承包商或供应商，或是作为与建设方相对的监理方等，对这类冲突，未尝不可以客随主的态度待之，但这要以不能有损自己这方整体权益、团队能够适应且不明显有辱自己这方为前提，而不是任凭对方在与自己这方的工作往来中率性而为、恣意行事。因此，为解决此类冲突，并避免形成毫无必要的对立，既要靠其他参建方一定的迎合，又要靠建设方的协作态度和双方在一定程度上的相互妥协。又因为在此类冲突中，建设方或监理方等居于主动者的位置，因此，它是妥当解决此类冲突的责任方。

　　因自身难以适应对方的工作方式、习惯而产生的冲突，作为承包商等属于被动者位置的一方，如果对方是以一个组织的方式出现，无论这是建设方庞大的项目管理组织下面的组织单元，还是一个完整的项目管理组织，这些工作方式、习惯都属于组织特色。此时，自己这方自然要秉承客随主便的原则适应之，要使自身组织在与对方往来中的工作方式、习惯进行必要调整，这既是基于礼节，也是基于工作效率和工作成效以及关系维持的实利考量。如果自身难以适应的仅是对方组织内某个成员的工作方式或工作习惯，虽然这方式、习惯属于个人特色，但却由于体现在工作往来上，也不得不妥当处理。此时要先看有无以协作方式处理的可能，如无可能，那么，就要看适应对方是否会超过我方自身承受的限度，而这限度则取决于三点，即工作方式、习惯与项目管理需

要的契合度，对方所能决定的我方的利益大小，对方对我方内在影响力大小。超过了这限度，就要考虑以折中方式乃至竞争方式处理了。作为建设方相应的人员，对这类冲突，则要理性、客观地认识自己的工作方式、习惯有多少确实是项目管理所需，并就这一部分在向对方提出要求时注意方式、方法，对非项目管理所需的，则尽可能少要求对方适应自己，如果对方难以忍受，就应当及时缩回自己那张开的触角，以免在与实利无关的事上造成不可调和的冲突。

　　对于因性格、性情而产生的冲突，处理、解决的根本在于建设方相应人员要有平等意识。人的性格、性情是每个人身上固有的，它们适度体现在工作中也是自然而然的事，关键是在与其他参建方往来中，自己性格、性情的展露是否含有明显的不平等，如对对方颐指气使的态度，又如仅因为自己急躁的性格而将三个月内完成都绰绰有余地保证合同进度要求的任务，强行要求在两个月内完成。作为建设方人员，要认识到无论对方是何组织、居何岗位，都是与你和你的组织平等的另一方，都需要彼此尊重。不能因为自己是建设方而任凭自己的性格、性情尽情恣意，更不能对其他参建方人员进行带有侮辱性质的责骂，同时，也不应为了使对方不敢怠慢而摆出高傲的样子、拿出傲慢的态度。当然，这绝不等同于放任不管，绝不是放弃自己监管的权力和必要的强硬手段，也不等于说不需要树立建设方或监理的权威，权威必然需要树立，但这靠的是对执行合同不可置疑的态度以及在监管中显示出的专业能力、品质和意志等。只有有了平等意识，这类冲突才能大幅减少，也才能使自己能够妥当处理此类冲突，同时，这类冲突的处理也就少了不少建设项目的独有特征，而与任何两个有业务往来的不同组织成员间产生的同类冲突相差无几，其解决之道也与之类似，在此就不再赘述了。

10.3 在目标分解和计划、方法、措施上的分歧

　　通过将建设方的项目目标写入合同而使承包商或供应商等供方承担它们无可推卸的义务，在实现这些合同目标的过程中，建设方或监理等监管方必然要进行管控，由此各方常会在目标分解、计划安排、所用方法、措施上产生分

歧，导致彼此的冲突。

因为此类因素产生的冲突，根源有三种，如表10-1所列。一是供方本无诚意或已无能力实现合同目标，由此在目标分解及目标实现的计划、方法、措施上问题百出，或即使它们制订得完美无缺，但却不予落实或落实不了，如建设方听之任之，将一步步丧失实现自己项目目标的可能性。二是建设方等在供方形成项目可交付成果的过程中过度介入。在此方面，YouTube精选曾在微博上发了一个关于甲方和乙方的有趣的小动漫❶，颇为生动形象，见图10-3。过度介入又分四种原因，如表10-1所列。三是彼此在既有的信息和经验、知识上存在较大差别，由此，使建设方等认为供方制订的计划、方法、措施难以实施或不足以实现合同目标，对方却笃信足可实施或足能保证目标的实现。

图10-3 "甲方和乙方的日常"动漫

从理论上说，以上三种根源相互间并无多大关联，而在现实中它们却紧密相关。因为认识到供方无诚意或已无能力实现合同目标要求，致使建设方难以放心地等到合同约定的管控条件来到时才予以介入，由此就会"过度介入"。在应有的管控深度上，彼此在信息、经验、知识上的差异或许不大，但因为过度介入而在更深入、更专业的程度上就可能差异比较明显，分歧由此产生。当然，这种关联不及前种关联强，并且分歧也未必就一定生出冲突，但如果供方认为如按对方之意来做，将增加实现目标的难度，或是在所得不足情况

---

❶ 引自"YouTube精选"微博2019年3月1日的视频"甲方和乙方的日常，过于真实了"。

下增加自身成本，而建设方等又认为如让对方"自行其是"，将难以实现合同目标，那么，冲突必然产生。在目标分解和目标实现上分歧成因间的相关性如图10-4所示。

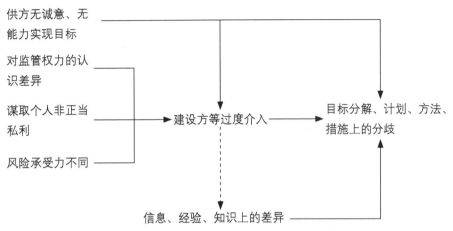

图10-4　在目标分解和目标实现上分歧成因间的相关性

从图10-4和表10-1中我们可以看出，供方无意或无力实现目标也是导致过度介入的一种原因。

就目标分解、计划、方法、措施上的分歧，无论是以上哪类原因所致，作为供方，除非利用对方管理者的贪欲以损害建设方利益的方式与其合谋图利，否则，它必然会予以或直接或间接的抵制，冲突就此产生。下面就这几类原因分别论述。

10.3.1　无诚意或无能力实现合同目标

无论是供方的无诚意，还是供方的无能力，除非供方在合同签订后遇到重大意外而使其企业理念、战略部署发生了转折或丧失了继续履行合同的能力，否则，就多是由于建设方自身在选定供方的过程中存在的问题所致。这或是因为它设定的合同目标以它给予的价格在供方同业中本就难以实现，因而不被认真对待；或是因为它选定供方的原则或方法有较大问题，致使供方的实力或诚信度远差于同业中的一般水平；或是它就目标要求未满足而设定的赔偿条款不明确或是不严厉。

鉴于此类问题的严重性，作为建设方，首要的是避免问题的形成，为此，选择供方前所定的目标要求要与所确定的供方条件要求、供方选择范围、给予的价格区间、给供方提供的条件相适应，即要使供方具有实现合同目标的足够可能性。合同中针对目标未实现的赔偿条款则要足够严厉，使供方因无诚意、无能力而承担的不良风险从相对值上看接近乃至大于建设方因此承担的风险。条款也要足够严谨，并具有过程特点，即设置适当的过程考核、验证点，阶段性目标就属于此。其中最前面的考核、验证点在符合作为一个有诚意、有能力的供方常规做法的前提下，时间尽可能靠前，以使无诚意、无能力的及早显露，并使其及早承认。

同时，在招标阶段以及合同谈判、开工准备、合同实施过程中，既要以适当的沟通，又要以适当的决定和行动向潜在供方和既定供方传达一个明确无误的信号，即要坚定不移地执行合同，由此使其抛弃投机、侥幸心理，从而避免潜在供方以轻诺赢得合同，并使既定供方拿出诚意履行合同。当然，这是以建设方内部上下在此方面的高度一致为前提的。即便做了以上这些，作为建设方，也不可高枕无忧地对各考核点之间的实施过程不闻不问，否则的话，会或使对方掉以轻心，或使自己受蒙蔽，而当风险加大、挑战来临时，自己就会毫无准备而束手无策，乃至做出轻率、错误的决定，使原本通过自身正确而积极的应对就可实现的目标变成泡影。因此，过程中的跟踪、监督、提警仍必不可少，这实质上也正是为获得双赢结果而应做之事。

如果冲突已经产生，那么，作为建设方，又如何来妥当处理呢？这就要看是因为对方的无诚意还是因为对方的无能力以及它们本身的具体情况了。

就供方无诚意来说，如果这是因为合同目标或合同条款存在相当大的不合理成分，致使对方宁愿被索赔，也不愿费巨资以达之的话，这就有点类似于"民不畏死，奈何以死惧之"，此时，至少在实现合同目标这点上，就已丧失了最后的迫使手段。对此，只能通过合同中那些有变通性或可灵活操作的条款给予对方足以有诚意的补偿，如仍不济，则只能将要求的目标调低了。这是一种迎合，或至少是含有较多迎合成分的折中，但这迎合的不仅是供方，还有自己此前种下的问题之因。需要注意的是，如果在同一项目中不止有此一个同类合同，那么，必须尽可能减少因此对自身在合同执行、监管上的声誉损害，为此，隐秘必不可少。如果合同内容不存在上述问题，那么，建设方坚定地执行合同就有了符合道义的完全理由，而如合同中相应的赔偿条款明确又足具威慑力的话，就要及时、严格、果断地执行，由此引起对方的足够重视，进而调集资源，采取为实现合同目标的行动。同时，作为建设方，还要将自身的行动让各参建方知晓，以给它们传递明确而可信的信号，以儆不认真对待合同的所有其他供方。如果合同中的赔偿条款不明确或没有足够威慑力的话，作为建设方，只要不违反法律法规、不损害自身利益，那么，就要采取一切必要手段来迫使对方不得不认真履行合同、满足合同目标要求。必然以竞争方式处理，并且必须战而胜之，否则，你损失的就不仅是不能实现合同目标，更为严重的是，这也将损害你在所有合同上执行的威信力。

就供方无能力来说，作为建设方，先要准确判定对方是否确实已无能力满足合同要求，如果判定确是如此，自己就先要收集保存好足以能够证明这一点的有效证据。其后，则要分析其原因所在，这是因对方自己独有的问题所致，还是因我方所定的目标在最初选择的潜在供方范围内本就难以实现，或是因自身所给的价格不足以实现合同目标。与后两类原因对应的超常目标是基于我方占尽合同优势的想法、好大喜功的虚荣心、个人的功利目的，还是基于对项目的全面统筹考虑而确为项目所需。分析清楚原因后，才是如何解决问题，而如果通过合同中那些变通性或可灵活性操作的条款也无法"解救目标"的话，解决之道就不外四种：一是终止合同，另换供方；二是剥离关键任务，即将那些对实现合同目标具有关键作用的任务转交其他方完成；三是调低合同目标到对方有能力实现的程度；四是深度介入，即融入对方的内部管理中，进行帮扶性介入。

（1）终止合同

这一解决办法会极大地增强其他工程合同的执行力，但这必然是有时间成本的，尤其在项目已容不得费时间更换承包商或供应商的时候，这项成本更显巨大。同时，还有需要建设方支付的新承包商进出场费和交接费用，其中的交接费用也包括因界面复杂而不得不多付的重复计取，工期越紧，交接就越仓促，这部分费用也就越多。当然，现今影像和测量的便利也使这重复计取的部分大为减少。要终止合同，还要对一种时常会出现的情况制订有效的应对之策，如被清除出场的承包商利用敏感的欠薪问题挑动、唆使农民工闹事，严重的还会迫使政府向建设方施压，从而使建设方不得不多付工程款。当然，终止合同后，建设方仍可就对方此前未尽义务向对方提出索赔，但这与对方给自己造成的损失相比是较小的。

（2）剥离关键任务

这是较有可能实现双赢的方式，但其有两个前提：一是确有能剥离出来的关键任务，如在进度方面，它应当是关键路径上对项目工期最有举足轻重的地位并且与周边界限清晰的任务；二是对方在将它的任务剥离后仍能够按要求完成剩余工程，并能做好与被剥离任务有关的配合。同时，除非合同对应条款明显不合理，否则，按合同应向对方反索赔的，仍应提出索赔，以维护合同的威信。

（3）调低合同目标

这一解决方法常被采用，尤其是在合同目标并非是基于对项目进行的统筹考虑而慎重定出的情况下。有时，面对合同目标已无法实现，建设方项目人员会帮着对方一起编造客观理由，以应对审计或上级的审查，此时，调低目标这一方法就藏在了合同的空壳中。要调低目标，必须是在深入分析供方无能力的基础上，就所及主要事全面衡量，并将这四种不同选择进行得失对比后做出的最佳决策。

（4）深度介入

这是一种帮抉性的深度介入，当然，这是以建设方具有或至少能够调动正为对方履行合同所缺的资源为前提。如果这是管理资源，就需要建设方或监理方等参与并主导它的那些直接属于合同履行的事项中；如果这是施工资源，就需要建设方为其引入这一资源，并确保这一资源的拥有者得其所应得。

除以上四种办法外,还有一种特殊办法,即多给费用,它只适用于单纯是因费用问题致使无能力实现目标且"救济"的额度又在建设方可承担范围内的情况。用此办法,更需谨慎操作,因为它将严重销蚀建设方应有的形象,使各供方窥视到它的"虚弱",从而使它们想要通过更多博弈的方式从建设方那儿获利。除非自己有完全的决定权,否则,还必须面对上级的审计,由此常会暴露出自己在供方选定、合同设置上存在的严重问题,因此,这一方法甚少直接采用,但有时会采用其他的变种方式。

通常采用的四种处理办法,第三种不仅有调低目标本身带来的损失,第四种也不仅有深度介入本身的成本,它们都还有对合同执行力的损害,这损害是无形的,却是实实在在的,且不良作用影响深远。当然,采用第一种、第二种办法也是有成本的,有的时候,采用第二种办法也会对合同执行力造成损害。具体采用哪种,就要看每种办法在得失上的比较了,我们以第一种和第三种办法的比较为例说明,对供方无能力的两种应对办法比较,如图10-5所示。

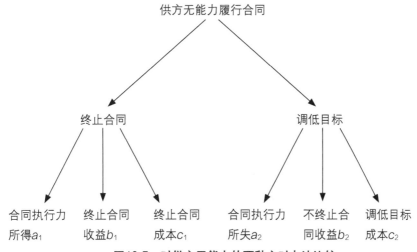

图10-5 对供方无能力的两种应对办法比较

比较$a_1 + b_1 - c_1$与$b_2 - a_2 - c_2$,取其大者即所得益处多者对应的方法。就其中的a值(a_1或a_2)来说,作为建设方,合同越不公平、越不合理,a值就越小,建设方也越难辞其咎,虽然一个愿打、一个愿挨,但你严格按合同追究对方责任的道义基础薄弱，你组织的声誉也会因此受损，反之，合同越公平、合理，a值就越大。如果除了此合同外，其他同类合同少且相应金额不大，而后续也不确定会有同类项目，示范意义就小；a值随之就小，反之，如果其他同类合同数量不少或金额不小，或如果后续仍有不断的同类项目，示范意义就大，从而使a值变得足够大。

作为建设方，一旦合同生效，就需要密切关注其他各参建方的合同履行情况。为此，既要通过承包商、制造商、监理方、监造方等的定期报告、专题报告，也要通过实地了解等其他方式获得足够信息，以能及早觉察对方已无能力满足合同目标要求。又因为事关重大且事情复杂，在对目前情况进行分析、对各类解决办法进行比较前，还要进一步收集信息，以能做出正确的评价和比较。这些评价、比较，如果涉及无法直接量化的因素，如之前所述的合同执行力，就要求决策者准确拿捏，而这更需要有足够真实、全面、详细的信息作为基底和养分，由此，方能做出正确、适当的决策。

10.3.2　过度介入

产生冲突的第二大原因是过度介入，这或是真实存在的，或是与具有监管权力的建设方、监理方等相对的另一方自己认为的。一方面，这是基于彼此对应有的过程监管权力或应有的自主决定权存在的分歧，供方不认可建设方深度监管，它认为自身有权自主决定自己的过程，乃至认为建设方或监理方等只看合同约定的阶段性目标和项目可交付成果即可。而建设方等则认为它有权介入过程中，否则，木已成舟，将导致无可挽回且对方无法全部补偿的损失。另一方面，无诚意或无能力满足合同要求的供方会以不能过度介入为由逃避过程监管，而图谋非正当私利的建设方、监理方等项目成员也会以行使过程监管权作为要挟的手段来获取私利，而彼此因角色不同对合同目标未实现具有明显不同的风险承受力，同样会导致此方面的分歧，进而产生冲突。下面针对这些不同原因，就解决之道分别论之。

（1）无诚意或无能力实现合同目标

本就无诚意实现合同目标的供方说建设方过度介入，完全是一种骗人的托词。而对并非无诚意却是无能力的供方来说，它与建设方的此类冲突发生在它自己还未清楚认识到这点之前。

建设方如果凭着更丰富的经验和更全面、翔实的信息以及对这些信息深入、透彻的分析，确认对方无诚意或已无能力实现合同目标，当然不能让项目发展到一切都自然显露的地步，而必须及早揭穿它，并尽早提出对应要求或采取果断、有效的措施。对方对此则常会强烈否定，并会以你"过度介入"为由不落实你的要求或抗拒你将采取的必要措施。因此，作为建设方，要以事实信息、无可置疑的逻辑关联、行业中普遍认同的经验和方法为据，并利用建设方本身具有的优势地位，迫使其承认或认清现实，一旦对方承认或认清现实，对方也就再难说你是"过度介入"了。

（2）对监管权力的认识差异

彼此对过程监管权认识不同，会使各自对同一个监管行为有完全不同的看法，由此就会产生冲突。作为建设方、监理方等有监管权力的一方，即监管方，自然认为这不过是自己在正当行使过程监管的权力，而被监管方即承包商，则会认为作为一个完全承担合同责任的独立法人，自身有权决定项目的这一过程安排。监管方和被监管方对监管权力的这种认识差异如图10-6所示。

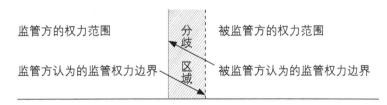

图10-6　监管方和被监管方对监管权力的认识差异

当然，如果建设方完全认同对方的所有计划，且它们又被严格实施的话，自然就不存在是否过度介入的问题了，但这种情况几乎不存在。因此，对彼此权力认识上的差异和在过程事项上存在的分歧共同导致了这方面的冲突，但如果建设方在合同中已就相应事项提出了具体要求，那么，无论它多么细致、它与对方固有的认识和习惯相差多远，也都不会产生太大的冲突。如在化工建设项目上，建设方常会以合同附件形式详细列出各专业的A、B两级质量控制点，这些控制点必须经监理或经建设方及监理两方验收合格，方能进入下步施工。有的建设方会事先制订出安全施工标准化图册，并将其放入合同中，在项目施工时，建设方、监理等按此要求和监督，承包商也无话可说。

在建设项目上，因对监管权力认识的差异而产生的冲突，最多的是在进度方面，其中包括所有以起止时间为主要计划对象的各项安排。在质量方面，有相关法律法规、《建设工程监理规范》、施工验收规范等作为监管方行使自身权力的依据。在安全方面，监管方有法律、法规、规范、标准作为依据，同时，一旦发生事故，给承包商自身造成的经济上、声誉上的重大损失以及可能会有的法律责任追究，也足以使其认识到安全的重要，承包商一般不会以"你是过度介入"为由拒绝监管。当然，彼此会在是否足以保证安全或如何保证安全上存在分歧。在费用方面，如果不是成本加成类合同，作为建设方，按合同付工程款后，只要承包商不因内部挪用而对本项目造成不良影响，除了监督承包商付款给指定分包商外，其余都与建设方无关，建设方也不会过问。在文明施工方面，建设方基于工地整体形象而提出各项要求，也是再正当不过的了，当然，彼此会就这些要求是否含在合同价内产生分歧。在进度方面，却不像以上几方面那样对监管权力有明确的约定或普遍接受的界限，这既会使建设方容易过度介入，也使承包商容易以过度介入为由不接受监管，同时，在进度安排上，也最容易产生不同意见。因此，"过度介入"这类冲突多发生在进度方面。

对于这类冲突，首要的解决之道是建设方要把握好监管之度，既要给予承包商满足合同要求所需的足够的自主性，也要进行必要的过程监管。就进度方面来说，重在事前避免，为此，建设方要设定好放入合同中的各进度节点，即进度考核点，它们的数量要适中、位置要恰当，具体的时间节点则要在充分收集同类型、同规模项目实际进度情况的基础上，由在此方面有丰富经验的人员主导慎重确定。同时，合同中还要有对未按时完成形象进度节点予以扣款、承包商未按时交工要给予巨额赔偿的具体条款。在项目开工后，则严格按合同执行，以切实使承包商形成足够强的自我管控机制。在各个形象进度节点之间，建设方则应"以其人之道还治其人之身"，使承包商将它自己确定的分解目标和进度计划作为向建设方做出的过程承诺，由此形成硬性的过程约束。当然，这些分解目标和进度计划事前都需经建设方、监理方审核，除非有准确把握判定承包商是以尽可能往后拖的方式掩盖、回避无意或无法实现节点目标的现实，否则，在具体安排上就不应向对方提出必须执行的要求。而审核也应当以必有的逻辑性、公认的经验或常理以及正确无误的知识为据，即便建设方有更好的计划，也应当以建议的方式提出，是否采纳的决定权在对方那边，各方都要恪守各自权力的边界。

要解决好这类冲突，还需要以彼此对自身及对方的权力边界及权力行使具有正确的认识为基础，它的立足点是自负其责，这也与FIDIC条款的精神相一致。作为承包商，要认识到建设方等过程监管的必然性以及它对自身按合同要求完成项目具有的促进作用，它有过程监管的权力，但同时，它的权力边界到哪，它的责任边界就到哪。作为建设方等，要认识到承包商必然具有过程自主决定权，因此，自身必须杜绝不负责任的指挥命令，但同时，承包商的权力也并非无限，而自身在过程中的监管也是必不可少的。

（3）谋取个人非正当私利

建设项目因所及工程、物资、服务品类多，合同种类、数量多，以及具有的临时性特征和管理上的灵活性，使那些有着或大或小权力的人常在此谋取非正当私利。相对于承包商、供应商，建设方、监理方的项目人员正是这"有权"的人，他们谋取非正当私利的方式中就有与过度介入相关的，由此产生或明或暗的冲突。

在建设项目上，建设方等"有权"一方人员谋取非正当私利常用的方式有五种，见表10-3。这五种方式，一是通过私下操作确定承包商、供应商等供方；二是通过合同条款的设定私送利益给对方；三是默许对方不执行合同，或自己不执行维护己方利益的条款，乃至与对方合谋钻合同"空子"；四是直接指定本该由承包商确定的清包队伍、分包商、供应商等；五是以明示或暗示方式向承包商、供应商索要财物。

前三种方式，是通过直接损害自身组织利益而从得益的对方那里获得私利，它们是合谋图利，单就损害组织利益而言，相互间少有发生冲突的。第四种方式则是直接插手承包商内部事务，即过度介入，但它经常与前三种方式相伴。第五种主要是与第三种方式相伴。当然，无论是哪一种，如果对方即承包商等觉得如要满足这个以权谋私者的"胃口"，显然是得不偿失的话，彼此就容易产生冲突。第五种方式在实施前或实施而未达目的的时候，常会在结果验收上，或是在可交付成果形成过程中严苛相待、百般刁难。第四种方式有时也是这种情况，常导致冲突，这过程中的严苛或刁难则正是以过度介入为表面形式的。

表10-3 "有权"一方人员谋取非正当私利常用的五种方式

序号	常用方式	各自特点
1	私定承包商、供应商等	损害己方利益使对方获益，从而换取个人好处
2	通过合同条款给对方私送利益	
3	默许对方不执行合同；或自己不执行维护己方利益的条款	
4	指定承包商的清包队伍、分包商、供应商等	常与前三种方式相伴，与第一种方式相比，这类清包队伍等与谋私者有着更紧密的私人关系
5	向承包商、供应商等索要财物	常与第三种方式相伴，导致冲突的多是基层谋私者，常会通过"卡"等手段使对方就范

承包商等也必然以实利为本，凡事看得失，在与对方的这个以权谋私者的往来中，也是如此，但承包商在此更是会全盘考虑、长远考虑的。在建设方中，对中高层来说，他无论是以前三种方式中的哪一种向承包商输送利益来换取私利，都因为其得利巨大，也因为与他建立、维系个人关系具有长远利益，而与他发生冲突的可能性并不大。以第四种方式谋私利的一般为中高层，而对中基层来说，私下向承包商输送利益的权力有限，如果插手之事又涉及承包商

自身不小的利益，就有更多可能使承包商与此人产生冲突。需注意的是，作为承包商，就建设方谋取私利的第四种方式来说，它让对方如愿以偿的成本还包括因低质量给组织造成的声誉损失或为避免低质量而多付的成本，也包括对自身管理制度和组织执行力造成的破坏和对组织文化的侵蚀。这在越来越需要靠声誉和管理获得发展的当今，其分量显得越来越重。

另外，随着建设领域市场日趋成熟和透明度的增加，建设方在选定承包商确定合同内容上的内部约束能力也在增强，建设方人员通过第一种、第二种方式私下操作的空间在减少，能给对方输送的利益也在减少，而私下指定清包队伍、分包商、供应商等，相对来说，承包商却将付出更多的成本。基于同样的道理，对于本就由建设方确定的指定分包商或指定供应商，如果建设方的人员于其中过分谋私利的话，也会给承包商造成一定的损失。虽然这并不是插手承包商的内部事务，承包商给指定分包商、指定供应商的费用最后也是由建设方来承担，但是通过私人关系或非正当利益关系得以成为工程分包商、供应商的，常不具备市场竞争优势，价格却不得不是市场中的低价，为此，它们就会以价低质更低的方式获利。以上这些情况，都使矛盾更为突出，冲突更易发生。当然，如果承包商让建设方的那些谋私利者难遂其愿的话，也常会付出不小的代价。而对于靠着以往与建设方合作时因相互秉承"以顾客为关注焦点""与供方的互利关系"原则而使建设方大受其益或全然凭借自身的强实力、高水平的管理赢得合同的承包商，它们有底气对建设方人员的这类插手行为说"不"。

因第五种方式即索要财物而导致彼此冲突的，常是建设方基层管理人员或专业监理工程师。虽然他们也时常通过第三种方式给承包商好处，但如果他们要求换回的好处过多而使承包商明显感到得不偿失时，冲突就会产生，而一旦如此，他们就会通过"卡"或提要求的方式来迫使对方就范。

① 以卡为手段。建设方或监理方人员以"卡"来迫使对方就范的方式，或是故意拖延对方最在意的工程款、材料设备款的审批、拨付，或是严苛地以标准、规范条文为器，判定对方的实施条件不具备，对方的行为、过程不符要求，结果不合格。当然，这也可能的确是在严格审查、严格监管。对此，有个简单明了的判定方法，即如果私下给了好处后会立马转变，如果昨天口口声声

说要认真考虑的，今天却迅速通过，如果昨天口口声声说不行的，今天却偃旗息鼓而悄然放过，那么，其中就必有问题了。

相比于其他情况，这种情况中的谋私者更为顽劣，作为承包商，一定要慎重以待。按理说，如果承包商严格执行规范标准、满足合同要求，对方就无机可乘，若他无理取闹，其意昭然若揭，完全可以起而抗之。但是，一方面，规范标准和合同本身必然都有一些由监理或建设方现场人员掌握的灵活性；另一方面，承包商人员水平或技能参差不齐，而且规范标准、合同的条款时常有偏离实际或要求过高的问题，行为、过程和结果必然难以尽符合要求，这就使建设方或监理方人员既可以拿它们来直接交换，也可以拿它们当作"卡"的工具。

② 以提要求为手段。虽然性质完全相同，但和拿合同或规范标准中明确的条款、条文来"说事"相比，这类行径更好应对。即使他持着合同赋予的权力或合同中泛泛的原则性要求，但这要求必然在适用性或依据的充分性上存在问题。而承包商此时在与建设方的博弈中已并非完全处于劣势，它未尝不可就要求的适当性、充分性与提出者进行充分而公开的沟通、探讨，以将这要求的不合理显露在众人面前，对方的不良意图自会收敛，而对于那本就无凭无据的要求，作为承包商，更可不必理会。

建设方人员为谋取私利而提要求，也可能发生在合同签订前，或是先将这要求写入招标文件和合同中，在合同执行时再拿来换取个人私利，或是在合同敲定前，以此向对方索取好处，以能在得逞后或获得承诺后不再将其放入合同中。无论是这两种情况中的哪一种，因合同签订在即，作为将成为承包商的一方，常或是满足之，或是私下疏通之，不会为此与建设方人员发生冲突的。

建设方或监理方等的人员谋取个人非正当私利，无论是否以过度介入的方式进行，也无论是否因此引起与承包商或供应商之间的冲突，都必然是损害建设方组织利益的行为。因此，作为建设方，不能等这些图谋私利的人与承包商或供应商产生冲突时，更不能等冲突升级时，才去处理，而是只要发现有此图谋，就及时、果断地给予严厉惩治，以儆效尤，以此使居心叵测者不敢为，使擅长搞私下关系的承包商、供应商没有"空子"可钻，并与其他措施一道营造出良好的整体氛围和项目文化，方是处理这类冲突的根本之道。

（4）风险承受力不同

彼此风险承受力不同是过度介入类冲突的另一主因，这风险主要是指在合同目标实现上的风险。单从组织角度看，合同目标实现或是不实现，建设方的得或失通常都大于承包商或供应商等的得或失，这也正是建设方对过程严密监管的原因之一。因此，针对实现目标的计划和制订的方案、措施、方法，当承包商等认为可以时，建设方常认为还难以保证实现合同目标，并提出增加资源或采用能做得更好、更快且常是花费更多的其他措施和方法。例如，一家规模不大的安装公司在进行大检修准备时，新任的项目经理报完人、机计划后，公司领导顿显怒气，斥责道："只要真需要，导弹、卫星都能给你配，但不能瞎要。"他所说的"瞎要"，是指这个项目经理所要的量明显超过常规所需，这源于他在能否按点完成检修任务上，其承受的个人风险明显要大于公司负责人，为此，他要确保万无一失，即便人、机因多要而闲置。同理，在合同目标实现上，如果承包商等与建设方各自所担风险大小明显不等，彼此就会在需投入的资源数量、质量上或采用的方式、方法上产生分歧，由此产生冲突。

面对这类完全是基于各自组织角度所导致的冲突，在合同既定的情况下，最可取的处理方式是折中。作为承包商，你不能因所担风险小而使建设方承担过大的消极风险，你应当明白的是，对项目、对建设方负责的态度既是提高市场竞争力的根本途径，也是与建设方建立良好合作关系的根本之道，而建设方也必然会捍卫自己的利益。作为建设方，也不能只想着万无一失地实现项目目标，进而要求承包商投入与常规相比明显过量或明显过好的资源，使用远超常规且使成本大增的措施和方法，这些过分的要求必然要遭到对方的顽强抵制，同时也恶化了彼此的关系，从而有损于后续的合作。彼此有了以上的认识，也就不难找到折中点了。在确定供方前或在确定合同内容时，作为建设方，更可采用根本措施减小乃至避免此类冲突。一方面选定最适于实现目标的供方，这既有对潜在供方的资质、业绩、现有实力的考量，也有对潜在供方制订的方案、措施、计划的评估，并将它们与报价一同权衡。另一方面通过合同规定加大未实现合同目标的反索赔额，以此缩小彼此所担风险的差距，从而有效减少合同实施时彼此的冲突。虽然这难免会提高报价,但这也是建设方应当付出的成本。

10.3.3 信息、知识、经验上的差异

建设方、监理方、承包商等在信息、知识、经验上的差异是导致彼此在目标分解、实施计划、方法措施方面产生冲突的第三类原因。因这差异使双方或几方就合同目标的分解是否得当,制订的计划是否足以实现目标,提出的方法、措施是否能保证计划的实施,是否能达到要求的技术性能、质量标准等产生分歧,这些分歧既会体现在对承包商等的计划类文件的审批上,也会体现在对这些计划实施过程进行的监管上。如果这些分歧较为严重且又无法及时消除,就会导致冲突。

对此类冲突,如果没有其他因素混杂其中的话,是完全可以以协作双赢的方式解决的。因此,我们在进入真正的分歧之前,先要剔除附加的其他因素,尤其是之前所述的过度介入的因素,从而排除那些本就在建设方或监理方监管权力范围外、在承包商自主权力范围内的分歧,而后,再来消除真正的分歧。

信息、知识、经验三者中最易消除的是信息差异,只要交流彼此既有信息,并经必需的核证,即可形成一致的信息基础,对某些一时难以核证的特殊信息,只要彼此都有诚意,以现今沟通手段的迅捷、多样以及获取信息手段的发达,不难找到消除这些差异的方法。知识上的差异也较易消除,即使是偶尔涉及一些高深的内容,除非其中一方不具有工作所需的必要知识,否则,在就导致分歧的知识进行交流时,彼此应当能正确判断出对错的,而且即便自己无法判断,也有其他办法或途径来轻易证明彼此知识是对是错。三者中最不易破解的是因经验差异而形成的障碍,因工程经验本就是各自经历、体会的积淀,且经验的可靠性不像信息、知识的真伪对错那般容易核证。对此,要先将其中的事实信息、逻辑内容、知识性内容等附着物剥离出来并予以核证,剩下纯属经验上的差异,对这些差异,或是由更权威、更有经验的人来裁定,或是通过

小步实践的方法来验证。

其实，相对于这些差异本身，更为关键的是对彼此封闭、非理性态度的消除，否则，双方或其中一方就会把相互的分歧虚假不实地赋予了面子、声誉、权力、感情等因素，从而将本是正常的问题探讨和以实际效果为根本的技术讨论变成了或是被自己主动视为了非赢即输的相互较量。若此，即使是事实就在眼前的信息差异，也难以消除，由这些差异导致的冲突也就必然是固化难解了。在此方面，因相互位置、角色不同，不愿充分交流、固执己见的一般是建设方或监理方人员，对此，一方面，建设方的项目管理人员、监理方的人员要具备应有的职业素养；另一方面，要有一种开放、务实、理性的项目文化。

10.4 利益因素

利益因素是导致建设项目冲突的第四类原因，它其实也常隐藏在其他类原因中，当然，它更会直接导致冲突，而由它直接导致的冲突是建设项目冲突中最难解的。无论是承包商、供应商还是监理方等，都是因利而来，都希望能多赚钱、多赢利，而建设方基于同样的利益因素却希望它们又好、又快地提供产品或服务，即使建设方是非营利性组织，亦是如此。但也不能说这类冲突就只能以竞争方式而不能以协作双赢的方式解决，否则，彼此也形成不了合同关系了。另外，正因为利益因素所致冲突最难解，如果它们多能通过双赢方式获得了解决，则说明彼此的合作已经达到了较为深入的层次，也说明其中的每一方无论是在整体管理上还是在彼此的沟通交流上都已达到了较高的水准和层次。

直接因利益因素导致的冲突，我们可称之为"利益冲突"，其主要体现在两个方面，第一个方面是在合同的执行上，第二个方面是在对合同未定事项的处理上。无论是哪一方面，承包商、供应商、监理方或建设方都可能是无理的一方，当然，这无理之处会截然不同，下面对这两方面分别论之。

10.4.1 合同的执行问题

合同的执行问题，就是指因为不履行合同义务、不符合合同约定而导致的冲突。

对承包商等供方来说，主要表现就是在合同执行上的"偷工减料""掺杂使假"，这或是在所提供的工程实体、工程服务的质量上，或是在现场的安全保障或文明施工上，或是在工程进度上，或是在过程中采取的措施、投入的资源上，而这些在被建设方、监理方发现且提出整改要求时，如果自身置若罔闻或想以拖延、潦草应付蒙混过关，冲突即会产生。对建设方来说，主要表现就是有意拖欠、克扣工程款，另外，在招投标或竞争性谈判时，承包商在报价和承诺上存在的问题越严重，彼此就越容易在合同执行上产生利益冲突。

（1）质量方面

在质量上，就产品的功能性要求来说，因事关重大、要求明确、结果明显，而合同中的赔偿条款常也同样明确且金额不小，承包商、供应商通常不会不满足合同要求的，因此，也少有冲突。但是在那些非功能性的或其自认安全裕量足够大的质量要求上，它们就可能通过降低标准以图获利，冲突由此产生。对此，作为建设方或监理方，应通过强化过程监管及早觉察或发现问题，以能及时矫正，或能在彼此冲突中一击而中。同时，自己这方一旦提出整改要求，就务必要敦促对方按期完成整改，但有时也会遇到承包商以各种形式各种借口进行的消极抵制。承包商消极抵制所凭借的优势主要来自建设方各层面临的进度压力或具有的"进度表现欲"，如果这些压力或表现欲足够强烈的话，建设方或监理方就难免会在这类冲突中败下阵来。这唯有靠选定合适的承包商、合理、严密又严格的合同设置、强化内部自我约束和完善综合考核机制方能避免。

在质量方面，还需注意的是，在以国家或行业的标准规范为依据进行监督或验收时，那些偏离常规的条文也常引发此方面的冲突，而对此是否能妥当处理则取决于监理或建设方专业人员在判定问题性质及问题后果上的经验以及对通行处理方式或做法的了解，对承包商具体能力的知悉和对可能形成的博弈局面进行预判的准确性等，在此不再详述。

（2）安全方面

在安全上，承包商与监理方、建设方的根本目的应该是别无二致的，而在安全风险承受力上，承包商的限度甚至要小于后两者，彼此形成冲突的关键是因经验、经历、知识、意识上的差别导致的在安全风险评估上的迥然不同。对此解决之道很多，而提高承包商项目负责人的安全意识、消除其侥幸心理、迫使其配备有足够经验的安全经理则是主要的解决办法。

（3）文明施工方面

就文明施工来说，因为与完成的工程量、与工程进度款无关，也不像质量或安全那样足以导致承包商过大的经济损失或声誉损失，因此，只有在承包商对自身形象有要求时，它才会积极主动。虽然它难以以过度介入为由抵制相应要求，却常采用拖延策略，即使这些要求在合同中十分明确，即使建设方或监理方反复敦促，也常如此。

对于由此引起的冲突，作为建设方，解决方式不是协作就是竞争，无论是哪种方式，事前都要将文明施工的各项要求或标准在招标时或竞争性谈判时讲清楚，这些要求必须"物有所值"。有一个简单有效的取舍办法，假设自己要按照这些要求来做，由此删除那些费工、费时却效用不大的要求。协作也就是双赢，通过对承包商的慎重选定，使承包商自身对文明施工的内在要求与自己的要求相差不大，这样依靠承包商内在的主动，并经过适当的监督、敦促，就能满足自己这方的要求，彼此也都由此获得了良好的外在形象。竞争，即面对承包商的内在要求与自己的要求相差悬殊而又被承包商视为它不能舍弃的利益时，鉴于无论如何施加外力，承包商都难以生成内在的驱动力，作为建设方，就只能施之以持久且足够大的强制力来迫使其做好。这强制力来源于奖惩严明的制度，自然，它需要事先放在合同中。

（4）进度方面

对于进度，承包商可能会基于自身利益因素使合同工期目标面临不能实现的巨大风险，这主要有两种情况。

① 合同工期目标在正常工期范围内或离之不远。在这种情况下，承包商基于成本的考虑或对其各项目的整体权衡使得投在本项目上的资源明显不足，这必然导致合同的进度节点目标无法实现，进而威胁到工期目标。对此，建设方必须以强制手段迫使对方补足资源，以实现其自定的计划和节点目标，当然，最根本的办法仍然是此前的合同设置和对合同的严格执行，这在前面所述第三类冲突根源中的过度介入一节中已有详细论述，在此不再赘述。

② 合同工期目标严重偏离常规。在这种情况下，要实现它必定要投入大量资源、产生巨额赶工费，建设方以低价原则选定承包商，以图能用相对低廉的价格获得昂贵的工期保证，而承包商因急于承揽工程冒险以常规工期的价格甚或更低的价格作出工期承诺，或承包商本就对此工期目标不以为意，认为不过是要求一套、执行又是另一套。鉴于起因的复杂，建设方处理此类冲突不能简单化，根本在于事先避免这一冲突的形成，即以合适的价格选定合适的承包商，妥当设置合同条款，严格按照合同执行。因此，首先要审慎、认真地评估、测算工期之短的收益和承包商应得的赶工费用，而赶工费用应当是赶工成本加上适当的利润和不可预见费，通过权衡定出工期，并要使潜在供方范围内的每个组织的实力和管理水准都足以实现这一工期目标；其次，摒弃低价原则，并将赶工费用加入基准价中，由此选定能力足够、报价合适的承包商；最后，在合同中加入工期拖延巨额赔偿、节点拖延大额扣款的内容，并在此前的招标或竞争性谈判中，对相应合同条款及工期的重要性给予重点强调，在合同执行阶段则坚定不移地严格执行合同内容，由此就能实现这超常规的工期。而承包商在获得收益的同时，也必然增强了实力、提高了管理水准，积累了乃至创造出了自己的新业绩和声誉。

（5）措施、资源方面

在合同中，除了目标要求和对项目可交付物的结果要求之外，还会在所用措施和投入资源方面有一定要求。这既有作为合同组成部分的规范标准中的要求，也有建设方单独提出的要求，而无论是哪类，承包商都有可能基于利益因素不予满足，由此必然导致冲突❶。这些要求属于过程要求，它们或是质量方面的，或是安全方面的，或是进度方面的。鉴于在安全上目的相同、责任明确，除非承包商项目负责人冥顽不化或建设方要求无度，否则，这些冲突多发生在质量和进度两方面上。

规范标准在措施，所用资源上的要求，大多数是质量方面的要求，在此的"不执行规范标准"，或是承包商采取的措施、使用的工机具陈旧、落后，或是承包商的人员不具备相应资格等。在规范标准中，依据要求的严格程度，正面词有"必须""应""宜"，与之对应的有"严禁""不应""不宜"。就质量方面来说，在措施、所用资源上，这三种不同程度的要求，是基于它们对保证结果合格的作用大小不同而确定的，作为监理或建设方，面对因承包商不执行而导致的冲突，就要根据具体条款进行不同的处理。

对于"必须"的，毫无疑问，必须强迫其执行。对于"应"做的条款，在正常情况下均这样做，因此，除非是非正常情况，否则，也要强迫其执行，而是否属于非正常情况，需要具体判定。但这与此时的承包商实力、资源、能力是否不足无关，只与环境、外部条件相关，如果环境、外部条件在招投标或谈判报价前后没有变化且招投标文件、合同中也没有与规范标准中的"应"做条款不一致，那么，承包商就是认可按这样来做，在这种情况下，承包商不执行就毫无道理。当然，就具体某个"应"做条款，鉴于具体情况，如确难执行，监理或建设方也未尝不可放弃此要求，但即便如此，也要让承包商明白，这权力是在监理、建设方这边。同时，无论环境、外部条件是否有变化，如果承包商未经监理、建设方同意而不做"应"做之事或做了"不应"做之事，监理、建设方就必须以强力迫使或纠正之。对于"宜"做的条款，因其意是在条件允许情况下首先这样做，因此，除非合同中明确要做此事，否则，就应当由

---

❶ 这与第三类冲突根源即"在目标分解和计划、方法、措施上的分歧"不同，在此说的是合同中有明确要求但承包商不执行的问题，而作为第三类冲突根源的那些内容则在合同中本就没有明确要求。

承包商、监理方共同议定是否要做。

规范标准之外，建设方就措施、资源单独提出的要求，既有质量方面的，也会有进度方面的，但它们多是建设方在招标文件中就提出来了，即使不合理，投标人的投标文件却不能与之抵触，否则，就少有中标的可能。因此这些要求最后基本上都成为合同内容，而在合同执行时，就可能大打折扣了，冲突就此产生。作为建设方，其应对之道，首先是自身所提要求确是必需，要保证要求的内容合理、数量适中，并使实现合同目标的相应裕量或"安全系数"合适，既不能使不良风险过大，也不能使"安全系数"过高，否则，按此执行，必致浪费。因为相应费用计入报价中，是建设方的浪费，未计入报价中，是承包商的浪费，不按此执行，则又导致合同执行威信的减损。其次，则是合同中不按要求执行的罚则内容要细致而严厉，并要严格执行。

（6）建设方有意拖欠、克扣工程款

工程款对承包商的重要性不言而喻，除非建设方遇到了未曾预料到的严重的资金困境，否则，按合同及时足额拨付才是彼此双赢的重要体现。如果建设方有意拖欠工程款，那么，这样的建设方不仅无视合同，也无视承包商的利益。就有意克扣工程款来说，即便建设方能按合同牵强附会地找出承包商的不是，或是故意曲解合同中的赔付条款，甚至事先就在合同中设好陷阱。那么，合同的威信即使不会荡然无存，也会所剩无几，而且建设方也将失去以协作方式解决后续所有冲突的信任基础。因此，除非建设方本就视项目为诱饵，是那种把拖欠、克扣工程款作为主要赚钱手段的劣质业主，否则，建设方有意拖欠、克扣工程款最终会使自己的项目反受其害。

一个真正的建设方，都会以顺利完成项目、实现项目目标、达到项目目的为根本，因此，也都只是将工程款延迟支付或反索赔作为迫使承包商执行合同的必要方法，而不会把它们作为赚钱图利的手段，否则，它就是在某种程度上视项目为诱饵。面对这样的建设方，作为工程公司、施工企业等，还是不参与它的工程为好。

(7) 承包商在报价和承诺上出现的问题

承包商如果在报价和承诺上出现较大问题，就常会导致合同执行上的利益冲突，而这问题既可能是承包商的原因所致，也可能是建设方的原因所致。

作为建设方，在招标或组织竞争性谈判时，如果不尽应尽之责而使承包商报价缺失或承诺失当，就会为承包商不执行合同埋下伏笔，在此方面，主要是建设方的信息提供。就建设方来说，只要不违背法律法规，对方资质符合且对方同意，它可以将任何工程事项交给对方完成，但有一个基本前提，就是它提供的信息要足够。这首先是任务本身的具体情况，其次是建设方的具体要求以及与完成任务相关的外在情况等。对其中的将使承包商产生较高费用或费时较长的实情或要求，更要提供得全面、翔实。否则，将成为承包商的各潜在供方在报价或做出工期承诺时就会因信息的缺失而出现较大问题。即便建设方其后将这些信息在合同中强行加入。除非建设方给予费用补偿或工期补偿，否则，承包商也必然不愿意履行对应的合同义务，若此，相互间也就产生了冲突。对于此类冲突，自然重在预防，建设方在招标时或在进行竞争性谈判前将对方应知晓的信息全面、翔实地提供给对方，这是它的义务。其次，各潜在供方则要仔细研究建设方提供的文件，参加极为重要却常被忽视的现场踏勘，并通过其他可以利用的信息渠道进一步了解情况，并利用招标答疑使建设方提供该提供的、明确该明确的，或使它明确未明确的事，以使各方报价和承诺的信息基础一致且充分，并将此放入合同中。

如果承包商判定实际成本将高于合同价，它执行合同的意愿就会降低，成本高于合同价越多，执行合同的意愿就越低。在这种情况下，承包商对于那些花费超过了其自认为具有意义或作用的那些条款，就不会执行，即使这意义大小只是以自己的角度来衡量的，而如果建设方、监理又认为必须执行，冲突也就产生了。实际成本高于合同价，原因不外是两方面，一方面，是建设方的低价中标原则；另一方面，则是承包商自身问题，即或是报价存在严重失误，或是对项目亏损的风险分析和评估明显不足，或是原想与建设方人员合谋图利却未能如愿。对这类原因引起的冲突，也是重在事先避免，对建设方来说，必须将高度提升到项目整体和项目全过程上，从而改变"唯低价是取"的惯有意识，即使以低价中标为原则，这低价也必须是去掉各报价中不合理因素后比较出来的。而对承包商来说，在详细、全面了解项目本身及建设方管理情况的基础上，必须如实报价、认真报价。

10.4.2 合同未定之事处理上的问题

单纯因利益而产生冲突，除了体现在合同的执行上，还体现在对合同未定之事的处理上。即当某类事或某件事在合同中无相应规定而又涉及双方较大利益时，如果双方都认为彼此的利益相抵触，就必然会产生冲突。

就合同无规定所致的冲突来说，虽合同无据，但也并非无据可依，可依之据就是同行业建设领域内处理同类事通行的规则或做法。对于此类冲突，最合适的处理方式就是协作，这需要建设方发挥带头作用，即鼓励对方和自己一道积极寻求双赢之道，即使无法双赢，建设方也不能苛待承包商，如果涉及工程任务，要让承包商有合理利润，当然，如果承包商挟其具有的局部优势无度索要，建设方就要采取果断措施来迫使它采取合作态度。而从承包商角度来看，一方面，面对以合作为本、以诚相待的建设方，自身要从对方角度认识到相应事或相应要求对建设方的重要性和急切性，只要自己这方具有足够的能力，就应尽快承接下来或尽快满足。另一方面，面对一心想侵占自身权益的建设方，自身则要充分利用局部优势，以适当态度或适当方式抵御乃至回击，使其因惮于优势和公理收敛自己，若此，即使双方都未寻得双赢的处理方法，也能寻得彼此都能接收的妥协折中点。

总体说来，因利益因素所导致的冲突的大小以及它们是否能得到妥当的处理，最能体现出参建方相互间的关系基调是否健康、良好，而在大型建设项目中，这主要取决于那弥漫于整个项目、被各方管理人员深切感知到且成为相互往来所持态度、原则、出发点和立足点的项目文化。因此，作为建设方，要将合作精神作为项目文化的重要内容来培育。同时，要使自身项目管理人员具备足够的素质和能力，他们应当是作风正派、既具有合作意识又具有经济头脑、既具备项目管理能力又有专业知识和经验的人，并使其他参建方主管领导乃至项目负责人等项目管理上的骨干成员具有与建设方"同台竞技"的理念和意识、足够的实力和能力。若此，相互的冲突就不会对项目造成大的损害，不会对实现项目目标构成威胁，却能使正面作用充分呈现，因单纯利益因素导致的难解的冲突也就能够顺利化解了。

10.5 权利和义务理解上的分歧

冲突的第五类根源是对相互应有的权利、义务存在理解分歧，它们是那些涉及利益或价值观念或过程管控因素的理解分歧。这种分歧多源于合同，即合同在彼此的权利和义务上规定不清或有较大遗漏，同时，在彼此的权利、义务上，于合同之处，因为对行业内相应的习惯做法和普遍规则（简称"习惯规则"）提出质疑乃至不认同而产生的冲突也可归入此类。提出质疑、不认同的既可能是建设方，也可能是承包商等其他参建方，但显然其或是不谙行业习惯，或是不惜以发生冲突、有损自身业内形象的方式有意挑战这习惯规则。

对权利、义务的界定和阐释，主要依据法律法规和合同约定，合同当然不能违背法律法规，它只能以法律法规为基础，或是在其适用的区域之外存在，合同之后则是行业内的习惯规则，如那些未放入合同中的FIDIC条款就属于此类，最后依据的是法理，即形成法律法规的基本精神和学理。当相互对彼此的权利、义务产生分歧时，首先要看各自所持意见的依据或基础是什么，依据或基础的有效性依然是按法律法规、合同、习惯规则、法理顺序递减，这一顺序也正是彼此解决分歧的基本路径，这些权利、义务界定和阐释的依据顺序如图10-7所示。

当分歧能在前两者中找到判定或处理依据时，因为是明文规定的硬性约束，分歧能轻易化解。而在习惯规则中，已经没有了硬性约束，当然，对建设领域常会遇到的事，作为分歧判定或处理依据的习惯、规则也是较为明显的，彼此也容易消除分歧。而对不常遇到的事，即便其中一方找到了判定或处理的依据，对方是否表示认同，不但要看彼此是否有相近的经验和认识，也要看彼此是否有合作精神。如果在习惯规则中仍找不到判定或处理依据而只能在法理中寻找时，因为在此范围内对事物的认知更容易受到利益关联、价值观念、思想意识等的影响而致偏失，且更容易把在利益上的无理掩盖在认知分歧之下，如果要想处理好这冲突，不但要求彼此有足够的合作精神，还要求其有足够理性的思维，否则，是难以协作方式解决的。

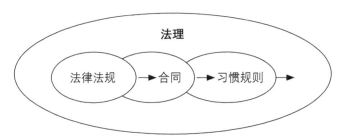

图10-7 权利、义务界定和阐释的依据顺序

建设方常成为这类冲突的始作俑者，这主要是因为它在招标或竞争性谈判时，常会有意、无意地不将对方的义务界定清楚或说明清楚。除非是法定义务，否则，义务不同，利益不同，报价就会不同。因为合同一旦签订，除非合同有约定或对方同意，否则，建设方无权补加任何义务给对方。因此，这类冲突首要的解决办法就是建设方事先明确彼此各项特定的权利和义务，并将它们既全面又简明地落实在招标文件、项目说明中，进而落实在合同中，这也是建设方责无旁贷的义务。

对承包商来说，只有建设方在报价前说清自己这方应负的义务，自己这方才能获得与之对等的利益，而要求建设方把赋予自己这方的权利说清楚，同样是为了维护自身利益，并且也是在报价时必须考虑的因素。对建设方来说，事前即招标时或直接谈判前，将自身权利说清楚，是为了通过权利的行使和维护确保过程受控以及减轻因对方的不良行为而使项目受损的程度，进而才能顺利实现和达到自身的项目目标和项目目的。事前将自身义务说清楚，也是为了让各潜在供方明白自己作为建设方，应该给供方做哪些事，它们的哪些项目活动将由自己这方提供什么样的条件或支持。这除了有利于对方准确报价外，在合同实施时，承包商也能按此及时敦促自己，从而利于项目本身，因为建设方自己积极履行义务是项目保质、按期、限额完成的前提之一。

如果合同已经签订且分歧无法在法律法规或合同中找到判定、处理的依据，那么，无论哪一方，都先要尽可能清除自己的认知偏失，并咨询更有经验、更为专业的人士，从而以更公平的角度看待、认识分歧。这样，彼此就有了理性、客观对待分歧的共同平台，再通过开诚布公的充分沟通，分歧、冲突也就能得到消除或得到妥当处理。如果对方不能像自己这般以理性、客观、开放的态度看待分歧，并要以竞争方式处理因分歧导致的冲突，而理又明显在自己这边，那么，就要判断一下对方输或屈从的可能性是否较大，若是，就选择针锋相对的竞争方式，若不是，就要从利益出发，先考虑是否需要经彼此博弈后再以折中方式解决，再考虑是通过迎合还是仲裁方式解决。

对于此类冲突根源，正如此前所强调的那样，相互选择正确的对方是使此类冲突中的不良部分减至最少、降至最低的根本途径。

10.6 信息方面的问题

建设项目冲突的第六类根源是信息方面的问题，此类问题主要是信息不对称和合同主体未履行信息提供的义务。

10.6.1 信息不对称

信息不对称即彼此所掌握的信息详略、多寡、真伪不同，导致彼此对同一事项具有不同的认识，这既会造成误解，又会在那些需要协商确定或需要共同议定的事情上造成争执不下、久议不决，还会在那些提议和审批、执行和监督是不同主体的事情上造成相互脱节、错位、偏失或无效，并导致那些事关彼此利益的决定、决策或是有损自身或是因为遇到相关方的强烈抵制而无法执行、落实。有义务的一方给对方提供错误信息，或者提供的信息不及时、提供的信息不足，都可能会使对方遭受损失，若确实导致了损失，提供信息的这方又不愿承担对方的损失，对方也不愿自我消化这损失，彼此就必然产生冲突。

其中最常见的是建设方未尽义务而使承包商受损，像在E+P+C项目中因设计变更晚到而导致返工也可归为此类。

对于因信息不对称导致的冲突，解决之道自然是充分的沟通。沟通一词在汉语中本意是"挖沟而使两水相通"，在此则主要指的是信息的充分交流。当自认为有信息优势的一方自认为将自己掌握的信息拿出来共享会不利于它自身时，情况就变得复杂了，即使它有提供信息的义务，但基于利益因素，它有时会有意向对方提供片面、残缺的甚至是虚假的信息，或是有意拖延信息提供。这些伎俩于招投标或竞争性谈判阶段既已存在，而这阶段存在的信息问题也常会延续到后续阶段，从而构成了后续冲突的根源。

在招标或竞争性谈判阶段，作为建设方，除了保密技术、商业秘密以及为保证潜在供方显露真实情况和它们相互间公平竞争而需要隐藏的信息之外，凡是与供方的费用发生、时间消耗相关的信息以及潜在供方用以判断它自身是否具备承揽的实力或能力的信息，都是建设方有义务提供给所有潜在供方的，这类信息也正是建设方获得真实的投标和报价以能做出正确选择而必须提供给对方的。建设方的义务与利益完全一致，因此，它不应当在此有意维持信息不对称，否则，最终受损的必定是它自身。此外，为避免潜在供方凭借信息优势瞒骗自己或隐藏正是自身所需要的信息，建设方必须事先进行机制设计，以确保对方真实投标、真实承诺、真实报价、真实谈判。

在投标或参与竞争性谈判时，作为潜在供方，也不能习惯性地用以往瞒、蒙的做法对待任何一个新的建设方。当然，潜在供方在信息提供上，没有像建设方那种不经设定而具有的利益一致性。因此，对建设方要求提供的信息，如果它认为提供了会有损自身利益或这信息是它内部原就规定了需要对外保密的，那么，它在权衡如实提供或不提供对获得合同和执行合同时的利益得失，以及对自身组织原有的保密要求满足与否的不同结果和不同影响后，有权决定不提供，乃至可以在投标或谈判时进行足够的掩饰和模糊处理，但只要是潜在供方所提供的事实类信息，其都有义务确保它是真实的。市场经济的发展使诚信文化也日渐兴盛，作为一心想获得项目合同的潜在供方，既要能准确领会建设方的意图或想法，也要能准确把握建设方的招标设定或谈判设定，同时要放眼全局，并因此妥当把握披露自己这方信息的多寡、深浅，但无论如何，都不能将报价建立在届时与建设方人员合谋图利或利用局部优势不当地迫使对方让步的不良企图上。同时，即使竞争者可能会因轻诺而中标，自身仍要以维护信誉和有诺必践的原则慎重对待承诺。在做到以上这些的前提下，可以对建设方隐藏对自己不利的而展现对自己有利的信息，以尽最大可能争取到适于自己的工程项目。

在招投标或竞争性谈判阶段，多数因信息不对称所致的冲突，在此阶段并不显现，而是在合同实施时方才突显。因为那些引起冲突的信息问题在招投标和谈判结束后是先潜藏在合同中的，也正因此，其中一些冲突在合同执行时势必强烈而持久。总之，无论是建设方还是潜在供方，都应当以上述应有的意识和原则对待自己的信息优势，从而消除那些本应消除的信息不对称，以便为获得双赢结果奠定足够的信息基础。而这不仅需要建设方在招标文件、项目说明等需事先提供的文件中、潜在供方在投标文件、实施方案中主动提供相应信息，也需要建设方通过投标要求等方式，潜在供方通过提出需澄清问题等方式来主动索取。

在合同实施阶段，作为建设方除了保密技术和商业机密或是利于它对其他参建方监管的信息，其他与项目相关的信息，也不应有意隐藏，而它在信息提供上的义务，因为与它的项目利益更是正向相关，就更要积极履行了。而作为承包商，在信息提供上仍需要慎重，因为其中一些信息与对方对它的监管紧相关联，而监管又时常难免过度介入。它提供的这类信息越多，就越容易使对方更深地不当介入，同时，它也更不容易利用信息优势来抵制不当要求或进行利益博弈了。对此，作为承包商，既要履行法律法规及合同中规定的信息提供义务，提供真实且详略适当的信息，但同时，除非是下列信息，即能够形成彼此共同利益的，益于一方又无损于另一方的，不会导致对方更容易过度介入却能增进、加深与对方关系的，否则，都应适当隐藏，以保护自身。

承包商除了那些依据合同而应得的利益外，还可能因为独自掌握的信息而获得介于应得、不应得之间的利益，而这些信息却可能正是建设方正常工作或维护其正当利益所需。此时，作为承包商，需要先慎重判定一下，如果自己得利的同时明显损害了项目整体利益或他方的正当利益，那么，即使未规定，你也有义务如实提供，此时，更重要的是你必须自我约束。除此之外，你应当根据利之大小以及关系的维系、信誉、自身文化等因素综合权衡而定。

其实,许多从表面上看是其他因素的,如目标分解、计划、方法、措施上的分歧,如利益因素导致的冲突,实际上也可能只是因为信息不对称所致。因为时常有这种情况,所以,我们处理任何冲突,都首先要消除与自身利益不是正向关联的信息不对称,将这些信息与对方共享,唯此才有解决剩余其他冲突所必要的共同信息基础。但是,如果与建设方相对的另一方会因为具有的信息优势而能得到较大的利益,它就不愿将信息与建设方分享。在这种情况下,如果这利益既不是非正当的,也与自我保护无关,而这些信息又是建设方或其他方正常项目管理或项目决策所需,那么,就只能说明建设方在合同设置上存在严重问题。而因为不愿分享,这一方就会隐匿自己具有的信息,并通过维持信息不对称以及那被误解的表层问题或表层冲突来掩饰自己,利益因素、信息不对称和误认的其他因素如图10-8所示。

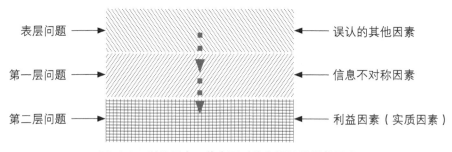

图10-8 利益因素、信息不对称和误认的其他因素

总之,如果没有其他因素相伴,也没有更深层的利益问题,对于信息不对称所致的冲突,只要彼此主动沟通,沟通充分即能解决。也正因此,只是因为对此类问题或冲突的漠视或消极对待而使彼此利益受损,就是最不明智、最不应当的了。

10.6.2 合同主体未履行信息提供的义务

在履行信息提供义务方面,导致冲突的问题分为两种,第一种是信息提供本身的问题，即不提供、不及时提供、提供的信息不真实、残缺不全等；第二种是因为第一种问题引发的不良后果。按理来说，前一问题是建立在后一问题之上的，它不会单独存在，但在现实中却并非如此，而这正突显出在此方面盛行的形式主义，即许多要求提供的信息本无实质价值，却具有形式上的意义，建设方对承包商、监理方过程信息上的无度要求也是如此。作为建设方，因此与对方产生冲突，毫不值得，而是要以实效为本，减去那些徒具形式的信息要求。此外，作为建设方的管理者，对那些由承包商或监理经正式途径提供的且也确实是进行管理、决策所需的信息，如不加以利用，时间稍长，对方也不再认真对待了，以后或是潦草应付，或是不再按期提交直至不再提交了，而一遇到认真对待这类信息的新管理者，彼此可能会就此产生或大或小的冲突。对于此类冲突，根本的解决途径是建设方自始至终认真对待这类信息并确保要求的始终如一。

在抛下那些冗余信息后，信息及时提供、信息内容真实的重要性就此显露，这是它发挥应有作用的首要条件，而不按时提供、内容不属实则是未履行信息提供义务的主要体现。就建设方来说，正如前文所述，因有同向的利益因素，从根本上说，建设方是没有动机不主动、积极履行好自身义务的，但其他方需向建设方提供的信息，却未必如此。其他方向建设方提供的信息，主要有三类：第一类是建设方过程管控所需；第二类是建设方履行义务所需，这义务又分两种，一种是涉及参建方相互间的关联事项，另一种则只是向对方履行义务；第三类是建设方自身作出局部或整体性的决定、决策或部署所需。对于其中的后两类信息，信息如实、按需提供给建设方与提供方自身的利益不会是负相关，但也未必全是明显的正相关，为此就需要建设方及时就信息提供不及时、缺少内容、不真实等问题提出明确的纠正要求。

对第一类，如果要承包商提供它自身的实施过程情况及相应的管理信息，因为保持信息优势本就是它防止建设方过度介入的有效措施，更是保有自己处于"模糊地带"或获得非应得利益的有效手段。作为建设方，应当考虑这类信息是否由监理乃至由自己这方人员来收集、提供更好。而如果建设方确实需要由承包商提供其所掌握的更深入、更细致的这类信息，那么，它就应当让承包商认识到这不会导致自己这方的过度介入，或是通过正向激励、反向惩戒使承包商认识到按要求提供信息所得大于所失。无论是由哪一方提供信息，为了能通过矫正、警示等方法使提供正式信息的一方按要求如实提供，建设方都要保证信息渠道的非唯一性，为此，至少还应当有一个非正式的渠道。

最后，作为建设方，要旗帜鲜明地在项目上倡导诚信文化，并大力培育之，以能在信息提供上形成以诚实为本的项目"大环境"，而对弄虚作假的，一经证实，即示之于众，由此使各方在信息提供上形成一定的自我约束力。若此，在诸多方面的共同作用下，就会将那些因未履行信息提供义务而导致的冲突局限在良性范围内或是将不良作用、不良影响减至最小。

10.7 彼此的误解

建设项目冲突的第七类根源是彼此的误解。误解，即一方对另一方传递的信息、表达的意思和传递、表达的动机、意图、目的等理解错误，当其为负面理解且因此表现于外时，冲突也就难免会发生了。其实，其他几类冲突来源也与误解不无关联，它们或是会成为误解之果，如误认为彼此的价值观相对立而导致冲突，或是会成为误解之因，如彼此的文化差异、信息不对称。在此对它单独论述，是因为因它而起的冲突自有它的特点，在解决的方式方法上也有共同之处。

因误解而导致的不良冲突是最不值得的，也可以说是代价最为高昂的冲突，消除误解的具体方法因时因地、因情因景而异，或简单到一句话、一个动作、一个表情，或复杂到像文明冲突般纠缠难解。误解的本质是表达和理解两者的不同，它是由横亘在信息发送者和接收者之间的"噪声"所致，虽然"噪声"未必就导致误解。这"噪声"既可能来于外界，也可能来于信息接收者，乃至来自信息发送者本人，当信息发送者没能通过信息的编码和发送过程使信息接收者抵御"噪声"的作用时，就会产生误解或是不理解。虽然误解体现在某个具体信息的接收上，但有的时候，彼此在此前诸多的沟通中存在的问题已使误解快要酝酿成熟了，而以前的这些问题其实也是一种"噪声"。我们还应当注意的是，从广义上说，有两种不同意义上的误解，一种是对信息所要表达内容理解错误；另一种则是正确理解了要表达的内容，但却错误地理解了对方发送信息的目的、动机或意图，自然，这不包括"骗"这种相对特殊的情况。后一种和信息接收者对对方即信息发送者的认知紧密关联，这认知与事实偏差越大，误解也就越易产生、越难消除，人与人如此，组织之间亦是如此。内容理解正确，却误解了对方的目的，如图10-9所示。

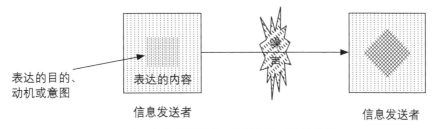

图10-9　内容理解正确，却误解了对方的目的

工程建设项目更易产生误解，原因有四点。

首先，因项目的临时性，各方项目组织成员来自不同的地方，而在大型建设项目中，建设方项目管理成员中有不少又是新加入建设方的，在人员相互磨合、项目部整合这些人员的过程中，必然会生出诸多误解，其中一些会传递到与其他参建方的往来中。从组织角度看，项目各参建方来自全国各地，甚至来自其他国家，在彼此的工作往来中，难免会因为相互在习俗、行为特征、口头语言、肢体语言的含义等方面存在差异而生出误解。

其次，是项目的时间约束和建设项目通常具有时间紧迫性，时间约束是项目的一大特征，建设项目投资大，工期对投资效果具有更重要的时间意义，建设方设定的多数工期虽并非不切实际，但也少有能从容完成的。因工期紧迫，紧密关联的各参建方彼此就少有足够的时间进行细致、深入的沟通、交流和充分的调适，即彼此根本没有足够的时间来将相互的磨合、调试过程从容而彻底地完成，对于工期本身就短的小型建设项目来说，更是如此。

再次，由不同参建方完成或实施的各建设任务或建设活动的内容相互间也是复杂关联成一体的，这使得各参建方之间界面繁多，尤其是大型化工建设项目，基数的庞大使界面数量呈指数级增长，而技术的复杂则增加了管理工作的难度，这又必然增加了沟通难度。

最后，是各参建方的利益因素，利益是所有营利性组织对外行动的根本出发点，但与其他活动不同的是，作为建设项目，它的参与者尤其是E+P+C项目的建设方或是大型而复杂项目的各参建方，它们自身的利益与其他多个参与者的利益犬牙交错地黏结在一起，这或是共同利益，或是此增彼减的相反利益，这些利益因素在项目进行的大部分时间内持续发挥着作用，若此，因利而生的误解也就随之大为增加了。

那么，如何消除这误解呢？依据沟通学的原理，一是要编码正确且适当；二是要消除"噪声"；三是要反馈以核证。其中，第一点和第二点不无关系，即作为信息发送者，他要考虑到可能存在的"噪声"，并在编码和发送时作出相应的调整，以此抵御"噪声"，而第三点则属于检查、纠正的过程。以此看来，首要的是消除"噪声"，而这"噪声"却包罗万象，因此，必须因时因地、因情因境地采取紧贴现实的对策。自然，这也并非没有整体性的道理可讲，就建设项目来说，如果做到了以下几点，就可以构建出能有效消减"噪声"和误解的良好基础。

（1）建设方在选择供方时，对组织文化的考量应成为决定因素之一

组织文化上的不同本就是产生冲突的第一根源，同时它也是彼此产生误解的一大根源，相互差异越大，越易产生误解，误解程度也越深、越广、越持久。阿里巴巴招录新员工时，把与自身文化的吻合度作为录取的必要条件，建设方选择监理、承包商等其他主要供方时，虽不必到如此高度，但也应当保证彼此的文化不能差异过大，而在其他条件相同时，要优先选择文化更接近的。文化因相近而相融，由此而能在更短时间内形成更具特质的项目文化，这就将极大消除包括误解在内的所有导致不良冲突产生的因素。当我们以组织文化作为选择供方最重要的因素时，鉴于对自己不熟悉的组织仅凭对投标文件的审查难以把握、判断其文化特质，邀请招标是这类选择最为妥当的方式。

在此需注意的是，组织文化的异同是信念、价值观、规则、行为规范等方面的异同，不能简单地以组织所在的或人员来自的地域或民族的不同来判定彼此组织文化的差异，更不能以此将潜在供方拒之于外或使其在竞争中受到歧视，否则是有违法律的。

(2)由建设方大力倡导相互间的开诚布公

"开诚布公"语出《三国志·蜀志·诸葛亮传》,其原句是"开诚心,布公道",后以"开诚布公"指以诚心待人,坦白无私,显然,"无私"是其前提。每个组织的各自利益是组织之间活动的依据和基础,"私"在此就是指组织内具体当事人的非正当、非应得的个人利益。作为建设方,如果它内部有不少管理者借权力谋取私利,因为这些私利是通过与其他参建方之间不能公开的私下交易获得的,那么,暗中操作必然盛行,整个项目也必然充斥着阴谋诡计般的窃窃私语,在这样的氛围下,如何能做到敞开心胸、坦诚相见?反倒是误解丛生,因误解导致的冲突也就接连不断了。而不可否认的是,误解及由此导致的冲突只是寄生于这不良风气中的小事情,更为关键、致命的是这风气本身。反之,建设方自身人员,尤其是高层管理者,如果都能分清并能谨守公私之界,那么,除了技术专利、商业机密或基于组织利益而进行的其他必要隐藏外,其余均可"赤裸相见",这也就轻易做到了开诚布公。

(3)采用多种形式,促进各方间的充分交流

古语有"日久见人心",但因项目的时间约束,这不能靠自然的发展演变,因此,各组织间深入、全面的主动交流就必不可少,而这与前两点也无不关联,文化更相融的组织彼此都会有较强的交流意愿,而少有交流上的抵触和心理障碍,而开诚布公则使交流去除遮掩,从而使交流高效充分。至于交流的形式,则多种多样,如座谈交流会、共同举办的集体活动等,凡团队建设采用的形式、方法都莫不可用于参建方组织之间。

建设项目产生冲突的根源主要有以上这七类,这七类因素相互间也有着必然的关联。单纯的利益因素会对目标分解和过程管控产生重要影响,也使得对彼此权利、义务的理解产生或是口是心非或是潜意识的错误,并有意维持着信息不对称,自然,彼此更会因为利益而产生误解。而就误解来说,其他六类因素都会促使它的形成或加重它的程度,而它反过来也会伪装成它们的样子而表现于外,也正因此,剔除误解是以协作共赢方式解决冲突的首要一步。

七类因素中,居于主导地位的是文化的差异,彼此文化的相融性或相近

程度决定了彼此冲突的大小、强弱❶。因文化上的相通、相融，即使彼此在工作方法、习惯上有所不同，也容易调整、适应；因文化的相通、相融，加上各自具有的足够能力和经验，就容易在实现目标的途径和过程上形成共识；因文化的相通、相融，沟通就容易做到充分而深入，彼此就能深度了解对方，就能准确地把握对方，从而就各自不同的利益也容易达成解决的共识，各方也不会维持无实质意义的信息优势；因文化的相通、相融，彼此也就少有误解、误会，少有碰撞和互不适应；因文化的相通、相融，彼此的交流顺畅无碍，就各自的权利、义务少有分歧，并促使各自积极、高效地履行义务。

---

❶ 这或许要排除那充满争强好斗因子的特殊文化，这类文化的特质否定了相似相容，反印证了同性相斥。

第 11 章

做好项目组织文化的沟通与建设

　　文化是共同拥有且具有一定稳定性的价值观念、行为规范、礼仪等，被称为"企业文化理论之父"的埃德加·沙因则将其定义为"基于团队习得的共享的基本假设的一套模式"。项目中的组织文化有两类，一是各参建方项目组织自身的文化；二是作为一个项目整体的文化，这整体由各参建方项目组织构成，当然，通常情况下，它只存在于大型项目中。

　　作为某个项目组织的负责人，在自身组织的文化建设上，要特别注意避免内部小团伙的形成，并要消除内部小圈子的封闭性。作为项目文化的主导者和管理者，建设方要注意不能让谗言和阿谀在项目上有机可乘。而无论是建设方还是其他参建方，都要避免偏听偏信、封闭、权术在自身的项目组织内盛行，而要形成兼听的风气和开放的氛围，同时，建设方也有责任就此在整个项目范围内积极引导，以形成一个良好的项目文化。

11.1 消解小团伙，破除小圈子的封闭性

几乎在所有组织内，都存在着或多或少、大小不等的小圈子，这些小圈子中的人或是有着共同经历，或是有着共同爱好，或彼此是亲戚朋友，而且他们彼此间也有着比组织内其他成员更相近的价值观和行为规范，由此形成了更紧密的私下联系和更亲近的私人关系，这些小圈子因此也必然形成了与组织文化有异的"亚文化"。如果这些小圈子不背离组织文化的核心且不与组织利益存在根本冲突，对组织来说无疑是有益的，因为它使组织文化有了必要的多样性，使组织自身具有了更多因应外界挑战而进行变革的文化基因。但是，当这些小圈子在那些与个人利益相关联的公事上显示出内外有别时，它就有害于组织了，也正因此，它也就必然具有了封闭性。而当它以获取公权与个人私利为目的，圈子内人员相互包庇、纵容、袒护、吹捧、提携以共谋私利时，它就演变成小团伙而对组织的发展乃至对组织的生存构成严重威胁。

开放的小圈子、封闭的小圈子、小团伙如图11-1所示。以上所述道理不但适用于任何一个具有独立法人资格的社会组织，也适用于任一个项目组织，当然，除非是大型项目，否则，确也不易形成小团伙，但封闭性的小圈子即使在中小型项目上也会常有，更不用说在大型项目上了。这类小圈子、小团伙的形成和强化与沟通行为紧密相关，破解它们需要利用沟通的力量。

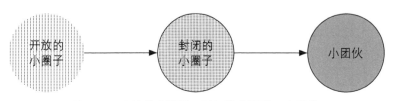

图11-1 开放的小圈子、封闭的小圈子、小团伙

在信息交流上，对于组织信息即工作中的各类信息，小团伙或封闭性小圈子中的人常会将其私人化，并且使其具有封闭性，反过来说，这类组织信息的私人化和处理的封闭性则会促进小团伙或封闭性小圈子的形成和强化。一方面，对该让其他岗位知道的信息，对一些公开本无害或公开有益的信息，有意

不让知道，有意不公开，乃至有意歪曲以图私利，同时，却将它们以及一些本该保密的信息拿来在这小团伙、小圈子中共享，以此使其内的人因信息优势而获得个人优势。另一方面，在这小团伙、小圈子内，对同一信息的认识、看法，常会相同或相近，如果这些认识和看法是片面的，并带有失望、不满、抱怨、怨恨等不良情绪，那么，必然会因此产生情愫上的激荡，从而形成共鸣，偏见因此得到了强化。以上这些必然都对组织的正常运转和它的发展构成危害。

在建设项目的沟通上，需要及时、准确、全面地获得所需信息，但同时，随着项目事项快速成为过去，许多相应信息的意义随之迅速减弱甚至消失。在大型项目中，信息如河水般川流不息，除非有有效的记录为证，否则，项目组织内少数人基于个人和小圈子、小团伙的私人利益而在信息处理上的那些不良行为，事后也不易查证，我们通常也就不会事后核查了。当然，为了追查责任、评判人员、清除"文化毒素"，这却是必要的。因为以上这些原因，在大型建设项目上，这种与小团伙和封闭的小圈子紧密关联的信息私人化和封闭性更易泛滥，也更具有危害性。

为打破这些有害的小团伙和小圈子，也为了使各类小圈子在组织信息上不私人化、不形成封闭性和偏见的趋同，作为项目领导，首先要以身作则，基于公心办理公事，公正、公平地对待下属，自己在内部更不能形成具有排他性的或与组织整体利益相悖的小圈子。其次，作为有权掌握自身项目组织所有信息的项目领导，必须准确判断各类信息向下传递、发布的层级和岗位，并使每个成员工作所需的所有信息都能通过正常的PMIS（项目管理信息系统）获得，而对那些因组织而及个人利益之事，除了那些将其公开将有损整体利益或个人正当利益的个别信息，其余信息都要及时、全面地公开，从而破除信息的私人化和封闭性。为应对偏见的趋同，则应当在以上基础之上，通过在原则性问题处理中展现的鲜明、坚定的态度，通过对相应决定、相应制度的解释、宣扬和疏导，通过留意身在封闭性小圈子中的人，对他们提供的可能与其利益相关的信息，注意甄别真假虚实，并通过其他渠道核证，通过对小团伙和已明显背离组织整体利益的小圈子的严厉打击，直至对其中关键人员撤换、清退，若此，也就足以能将它们消解了。

11.2 项目中的阿谀和谗言

阿谀和谗言，也是一种信息，当然，是一种颇具危害性的信息。关于它们的事情，自人类有文字记载开始，就时常出现在我们的历史文献、历史著作和文艺作品中，并常被拿来警示于人。在数千年的华夏文明中，它们更频频出现在历史的关键时期，而它们盛行于朝堂之上则是一个朝代走向衰落和消亡的最具典型意义的先兆。与之类似，如果它们在一个组织内盛行，就说明这个组织的文化已被它们严重腐蚀，如果这个组织的负责人仍不以为意，那么，它的衰落乃至消亡也就是必然的了。也正因此，即使是在建设项目上，我们也不能不对它们多加防范。

11.2.1 认清阿谀和谗言的本质

阿谀被定义为"说别人爱听的话，迎合逢迎"。谗言被定义为"说坏话诽谤别人，亦指坏话，挑拨离间的话"。阿谀，不仅仅是说出恭维奉承的话，更是一种背离自己真正的感知、认知，以迎合为手段来获取非应得利益的行为。因此，我们耳闻目睹的那些为得到不应得的利益，对领导者的那些会使组织遭受重大损失的错误想法、看法、认知和行为以及因存在严重问题使执行的损失远大于维护指令权威的决定和决策，仍口是心非地迎合，也莫不属于广义的阿谀。谗言当然也是进谗言的人有意歪曲、有意编造的，他以明知是不实之事向某人诋毁另一方，使他人对这另一方产生不良认识，他自己由此得利，而这他人必然是有一定权力或影响力的人。

对社会上任何一个独立组织来说，它的领导者之于这个组织是很重要的，对于建设项目来说，它的领导者之于这个建设项目，则至关重要，即使是项目组织的负责人，他之于这项目的命运，也是举足轻重的。而阿谀和谗言则会使这些手握或大或小权力的人对事、对人形成错误的或至少是片面的认识，由此对一个组织或一个项目构成危害。

阿谀和谗言之所以能得逞，一是因为对方信息源的单一或稀少，二是因为对方个人的内在问题,如虚荣、自大、精神上的孱弱等,当然,前者与后者也不无关联。现代社会,信息无孔不入,且信息获取的方式又如此便捷、多样,除非事情复杂而隐秘,否则,只要有足够的主动性,都可以通过其他途径核对真假,"廉颇老矣"的谗言就难得逞,"谗言三及慈母惊"的故事更不会发生。但是,作为一个组织的领导,如果对阿谀、谗言没有深刻的认识,如果不对它们有足够的警觉,仍然很容易被其所惑,从而使认知和判断偏离实际。若此,阿谀之人、进谗言者达其目的,而你的决定或行动的实际结果却背离了自己原有的目的,乃至违背了自己的价值观和信念,同时,也必然损害了你所在组织的整体利益。

那么,如何避免被阿谀所惑、被谗言所误呢?从根本上说,这需要彻底认清、深刻认识它们的危害性,而简单有效的对策就是强制自己多看看、多问问,尤为重要的是强制自己多听听,并且是多听听不同的声音。在以临时性、特殊性为本质,受多种因素约束,却具有明确目标的项目中,更要如此。正如哈罗德·科兹纳在其经典著作中以漫画方式表示的一个道理——作为一个优秀的项目经理,什么都要去听听,见图11-2❶。这其实就是在强迫自己将信息渠道多样化,并积极主动地去维护这些渠道,以使它们顺畅无碍。在此,美国于肯尼迪当政时的猪湾事件和古巴导弹危机就是两个典型例子。在猪湾事件中,肯尼迪总统仅凭少数有限的情报,就认定"古巴军队弱不禁风,不堪一击,古巴人心思变,一定会爆发大规模起义"。他身边的人虽然并非阿谀之辈,但他们所形成的"小集团思维"却使他们不由自主地迎合他。而在古巴导弹危机中,肯尼迪充分汲取了猪湾事件的教训,先不表达自己的观点和想法,而是让下属进行最充分的讨论。这使各种可能性、各种方案都得到了充分的研究和探讨,从而使肯尼迪与他们得以制订最稳妥且最适当的应对之策,最终成功地化解了这场极端复杂且极端严重的危机❷。

---

❶ 引自哈罗德·科兹纳《项目管理计划、进度和控制的系统方法(第七版)》(电子工业出版社,2002)。

❷ 见FT中文网2016年11月14日的《团结起来,犯最愚蠢的错误》。

图11-2　什么都要去听听

11.2.2　防范项目中的阿谀

在工程建设领域，就那些以项目建设为主业的各类组织及它们的项目部来说，因为项目的自有特点以及项目现场条件等因素，加上相对充分的市场竞争，其自有文化常与那扭曲真相的阿谀相斥。然而，就建设方来说，作为一个以运营性管理为主、项目建设只是它某个阶段性任务的组织，情况就不同了，即使它是营利性组织而身处市场竞争激烈的环境中，但在它日常运转的体系中，时间的紧迫性和事物的多变性都远逊于建设项目，信息迅捷传递、直白呈现的必要性远不如建设项目，阿谀逢迎仍能得以滋生，并会由此蔓延到它的项目中。更不必说那些颇具垄断性的国有企业和毫无生存压力的政府了。也正因此，建设方自身需要防范阿谀逢迎，且在项目的整个建设过程中都要注意防范它们，在以下两个环节中尤其要注意。

（1）在项目确立和项目选择时

建设项目少则投资千万元，多则投资数百亿元，甚至上千亿元。如果在项目确立和项目选择上失误，即上了不该上的项目或该选择A项目的却选择了B项目，必定使项目难以达到预期的效果。如果建设方是营利性组织，这又是经营性项目，项目费用对建设方来说也算庞大的话，就必然使建设方的整体盈利能力严重下降，并使它面临巨大的资金压力，形成巨大的财务成本，轻则严重损害它未来的发展潜力，重则危及它的生存，乃至将它拖垮。即使它是非经营性项目，确立或选择的失误也必然使项目所投资金浪费甚巨。而由国家投资建设的大型项目是否达到了预期功效，轻则关系到社会效益，重则关系到国计民生，关系到生态环境，关系到上百万人的生存状况，如三峡工程。

基于以上，无论是哪一类建设项目，也无论是哪一类建设方，建设项目的确立和选择都是至关重要的。如果决策者在进行项目决策时，仍是乐享于阿谀逢迎，就必定不会全面考虑、综合权衡，乃至对与自己意向相异的事实都视而不见，却自信满满地轻易作出决策，这就必然造成失误，若此，就可能给自己的组织乃至国家造成无可换回的重大损失。一些数不胜数的、实际效果与预想大相径庭的"长官工程"，如果不是决策者本就想借此中饱私囊的话，就多是掌权者的决策片面所致，而决策的片面又多与他乐于享受阿谀逢迎相关。对此，作为组织的领导者，必须充分认识到项目决策具有的重要意义，并以此为基础，一方面，在作出最终决策前，自己不应有什么倾向性，如果这确难做到，那至少也要保证不将之外露；另一方面，多方获取各类相关信息，多方听取各类建议、意见和各种看法。重要的信息务要通过其他独立的渠道进行核实，建议、意见和看法也一定要有正反两个方面，并要显示出接纳正反的态度，以激发那些能从不同方面、不同角度看待项目的人提出他们的观点、提供他们的认知。同时，也要充分发挥专业咨询公司应有的作用，在确保其建议内容本身不与之存在利益关联的前提下，使其建议的正确、合理与其利益正向关联，以此从它那里获得专业信息和专业建议。做到了以上这些，就能使那些阿谀之辈无机可乘、无隙可入了，也就能在项目决策上消除导致失误的一项重大因素了。

（2）在确立项目目标时

除非建设方有连续不断的项目，使其决策者受到洗礼，否则，建设方的决策者少有不想通过设定"高远"的目标来突显或贯彻自己意志的，但这类目标最终少有能真正实现的。为确立既非不切实际，也并非轻易既得的、合适的项目目标。作为决策者，于此之时，仍要如项目确立和项目选择时那般慎重，并全力避免陷入他人为顺其之意而设下的迷障中。不然，必然会盲目自信，盲目乐观，阿谀奉迎又使其得到强化，这就难免会制订出脱离实际的目标，随后,这些目标或是直接地或是经分解后落于成百上千份的招标文件及合同中。而在合同执行过程中,因目标的不切实际则使矛盾、冲突不断,最终,虽付出了过多的成本,但项目目标还是不了了之。决策者所处的职位越高,因目标的不切实际而遭反对的可能性就越小,却更可能受到热烈"拥护",目标也就越可能脱离实际,由此给项目带来的问题就越严重。

在合同执行阶段,各参建方之间都是以合同为据往来联结的,而互利是合同的实质所在,各方相互间也就少了通过权力使阿谀之人获取私利的基础。但也可能出现这一情况,即某一方通过阿谀逢迎这一手段与另一方手握权力的人形成私人关系,而后,后者通过损害其自身组织利益使前者获益,但这必然是以后者个人获得足够的好处为前提的。此时,这已经属于行贿、受贿等性质更为严重的问题了。同时,承包商、制造商也可能通过诱导性的阿谀逢迎,即对利于他们自己那方的意识、行为、品质的奉承和虚假赞美,使建设方、监理方、监造方在使用权力或履行监管义务时,更多地顾及他们那方的利益,但其性质的严重程度毕竟远不及前一种情况。对此的应对之策也比较简单,即面对赞誉之词,保持足够的警觉,并首先从利益角度予以审视、过滤,由此避免自己沾沾自喜,并使自己能够以冷静、理性、客观的态度待之。

11.2.3 防范项目中的谗言

在建设项目上,任何一个项目组织基于项目的时间约束和外在更多的不可预测性,都需要全力应对项目上的各种不利因素和未知因素,这样才能有效推进项目,才能履行好合同义务,才能实现项目目标。就常见的中小型项目来说,项目管理人员数量有限,层级更少,各成员间正式的、非正式的沟通更为便捷,甚至同在一个办公空间内,这些都使那些陷害他人的谗言不易得逞,因此,谗言也较少出现。而就建设项目最重要的三类组织即建设方、监理、承包商相互之间,从各方利益角度看,最有进谗言动机的只有承包商,因为只有它会因为其他两方之间的矛盾而得益。承包商的谗言,绝大多数是它向建设方说监理的坏话,使建设方不再信任监理,从而减少对监理的支持,监理监管的实质权力因此也就会被削弱。而监理自身，面对此种情况，也可能会因此放宽要求，或发出监理通知单后就袖手旁观了，建设方又没有足够的项目管理人员或是其专业经验、专业能力不足而无法进行足够的监管。相对的，承包商向监理说建设方坏话的，不是没有，但也不常见。这主要是因为监理的权力来于建设方，建设方是监理的顾主，监理自身利益和它与建设方关系的好坏紧密关联，这也决定了监理在涉及彼此关系的沟通上必然有足够的主动性，这些都大幅消减了承包商通过向监理进谗言挑拨两者关系的可能性。

承包商向建设方进的谗言，主要有三类：第一类是关于监理职业道德方面的；第二类是关于监理经验和能力方面的，比如说监理只会照着条条框框提要求；第三类是关于监理说建设方的不是、对建设方表示不满的。是否是谗言，自然以是否属实为准，作为建设方，在核实、确认之前，是不能说它就是谗言。建设方要有一个从承包商那儿来的日常性的信息渠道，无论这些关于监理的信息是否由这些渠道而来，建设方都必须谨慎、小心地核实和处理，以免使监理的责任心、积极性受到任何不良影响，以保证既不冤枉监理、不让谗言得逞，也能正视并妥当地处理监理确实存在的问题。如果这些信息是从承包商那条信息渠道来的，还要避免这一渠道受到监理的不当影响，同时，也要避免被承包商误导。当然，如核实确是谗言，就必须严正警告之，并对这渠道做出必要调整。

作为建设方，对从承包商那得到的关于监理之不是、不良的信息，首先要注意的是，对于属于评判性而无具体事实内容的，一概以信息垃圾待之，对于有具体事实内容的，则要因内容的不同而有不同的核实和处理之策：对监理职业道德方面的反映，因涉及个人名誉，如果本无此事却被怀疑有此事，对方必然难以接受，即使真有此事，除非你的证据加上你的盘问能使对方因事实如此而无法反驳，否则，对方也断不会承认的。因此，除非确能如此，或是弄清事实的重要性明显大于因此使清白者受到的伤害，否则，还是不向对方核证为好。基于同类道理，你应当要求信息提供者拿出值得你通过其他途径核实的证据来，否则，就应当视若无物。而如果有了有力的证据，并经其他具体途径核证无疑，进而使对方无可抵赖，则必须要严肃处理，直至断然清退，并视其恶劣程度，以合适的方式在合适的范围内进行通报。

对监理经验、能力匮乏之说，作为建设方，更应警惕它有可能是谗言。其实，如果监理职业道德上的问题属实，承包商之所以向建设方反映此情况，就常是因为这监理的所作所为太过分而使其已经忍无可忍了，否则，这正可使承包商乘机与监理合谋，以通过损害建设方利益的方式获取各自的不当利益。在监理经验、能力方面，正因为监理的严格监管与承包商的自身利益存在一定程度的冲突，所以承包商常会将监理的严格歪曲成无经验、无能力，当然，只会生搬硬套地按标准提要求在监理行业中也并非个例。作为建设方，就此类信息，针对监理向承包商提出的具体要求，征询其他监理组织中更有经验的人即足以能判定清楚。如果监理确存在此类问题，除非其舍本逐末忽视了施工中存在的更严重问题，否则，都应当先肯定他严格、认真的态度，然后再讲清现实的客观情况及监理的常规做法，以疏导对方不再拘泥于规范中那些不适合现实的条文，由此避免在解决此类问题时伤害了监理的积极性和负责态度。

对监理说自己的不是这类信息，作为建设方，一方面，最大程度剔除自身存在的非理性、非客观因素并要有足够的容监理之度，并以尽职程度和工作成效来评判监理，乃至使自己的喜恶亦取决于此。另一方面，对于会使自己形成对监理不良印象的信息，则务必就此与监理沟通，此类信息，一经沟通，常就会真假立现。

从最根本上看，免受阿谀和谗言所惑，在于自己有足够的勇气、理性、胸襟和进取心来直面现实，也在于自己有足够的识人能力。前一方面将使你认识到真实信息的极端重要，认识到虚假信息的极端危害，并使自己具有乐于接纳一切事实的开放精神，而断不会昏聩、自欺欺人地在阿谀者的使人舒坦之极却毒化自己的头脑和精神的毒雾中尽情享受，也断不会让自己对他人的猜疑、不满、怨恨、忌惮在谗言的引诱下从理性的牢笼里放出。作为一个组织的领导者，你对任何信息真实性的苛求，对不同意见、不同建议、不同观点无有成见、无有偏私地听取，将使阿谀和谗言不再有滋生、蔓延的土壤。后一方面即识人的能力则将使你不会选择有这两类不良倾向的人，而是选择诚实、正直的人作为自己的信息源，与此同时，保证信息渠道的广泛而多样，这样的话，就能从根本上解决那些屡屡不绝的、被阿谀和谗言所害的问题了。在建设项目中，建设方领导之于内部，作为项目主导者的建设方之于其他参建方，也都是如此。

11.3 项目中的兼听与偏信、开放与封闭、权术与私利

人的决定和行动莫不是立于自己所掌握的现实情况之上的，建设项目的管理，自然也是如此。鉴于建设项目具有的独特性和项目状态、状况的不断变化，鉴于建设项目具有多个利益相关方，而它们之间既有共同利益，也有不同的乃至对立的利益，无论是建设方还是其他参建方，对自身决定或行动立于其上的信息，更要注意其真实性、准确性和全面性，以避免因为信息的片面和错误导致失误。这就涉及到了沟通中的兼听与偏信、开放与封闭以及权术和私利的问题了，这些又经各参建方的决策层和项目负责人而对各自项目组织的文化产生决定性影响。

11.3.1 以兼听矫治偏信

人非圣贤，孰能无过？如果不考虑目的本身，那么，人之过大多是因为在感受或认知现实上出现了问题。一个人或是因为感受、认知能力有限，或是因为经验、体会、阅历不足，或是因为自己所得信息不真、不准、不全面，造成了感受和认知的局限性，而如果让这有着局限性的感受和认知来主导行动、作出决定，这些行动和决定也必然是片面乃至错误的。而要打破这局限性，除了自己要亲自核验外，最有效的途径就是"兼听"了。

中国自春秋起，就有了谏官制度；自西周起，就有了申诉制度；辩护制度则是现代司法制度中重要的组成部分，它们都可以视为是一种制度化的"兼听机制"。广为人知的邹忌讽齐王纳谏被传为千古佳话，而中国古代最有名的谏官魏征则道出了那传诵千古的名言"兼听则明，偏信则暗"。兼听要听的，既有思想、观点、看法、意见、建议等，也有关于现实的信息。单纯从获取现

实信息的角度看,信息接收方自身必然有着或大或小的局限性,而作为信息提供方,有三类因素使他发送的信息本身也存在局限性,一是发送者自己的感受、认知的局限;二是发送者编码并发送信息能力的有限;三是发送者会有意无意地通过利于自己的方式编码、发送信息来误导接收方。正如有求于邹忌的那位登门拜访者奉承邹忌比当时的美男子还要美一般,发和收两种局限性的叠加更兼有外部噪音的作用,使人们难以从单一的信息来源获取足够真实或足够准确、全面的信息,而兼听实质上也正是要通过信息来源的多样化来突破这种局限性。

  在项目建设过程中,尤要注意兼听,这是基于以下三点。一是因为项目的临时性。诸多事一旦事过境迁,就无法再直接核实,只能依赖他人提供的信息了,而基于信息应用的重要,要充分利用不同来源的信息来甄别真假、相互印证补充。二是因为项目的整体性、系统性。项目管理必然较运营管理更需要综合权衡、整体把控,单一的方面或专业更会与全局、整体关联,全局和整体也更需要考虑到各方面、各专业,为此,管理基层就更需要有其他方面、其他专业的相关信息,管理高层更需要各个方面、各个专业的信息了。三是因为项目各个参建方之间既有共同利益,也有不同乃至相对立的利益,而各方项目组织相互间的"精神约束力"更弱,各自发出的信息更易因为利益关系被发出者有意无意地"歪曲",兼听的意义因而更显重要。

  兼听之意,即不能听一面之词,同一事项从多方获取信息,以相互核证、相互补充,这个道理不言自明。在建设项目上,无论是建设方还是其他参建方的项目负责人,举凡重要之事,从道理上来说,本就应当先从那些无利益关联且又足够了解情况的一方获取信息,甚至以之为主。无利益关联就排除了伪饰的动因,但是实际上,了解情况的时常是与这事有或大或小利益关联的一方,如果难断定其内外的约束是否足以使他对你如实相告,那么,你就必须再从其自身利益与之相悖的其他方获取信息,其后,再以自己确信的既有认知为基础,进行逻辑分析、归纳推理,必要时做进一步沟通,就能从中获得接近事实的认知了。此外,即使对方没有伪饰信息的足够动机,乃至其利益与其提供信息的真实、全面正向相关,鉴于事项重要,仍有必要再通过其他信息源印证、补充。当然,也不能因此走向怀疑一切信息的极端,有许多信息,因其主体事物的简单，并且信息提供方与信息的利益关联明显小于使其如实相告的内外约束或是因信息提供方的利益与信息真实、全面地提供正向关联，而使其真实、准确、全面的程度完全与信息所应用的重要性相适应，同时，核证、补充又并非轻而易举，若此，就不必再费力另寻其他信息源了。

在建设项目上，建设方、监理等项目管理方、承包商是项目的主要参建方，在监理的业务范围内，建设方都应当信任监理，这种信任以及对监理工作的全力支持是其为建设方管控好工程的基本前提，也正因此，监理与建设方之间的信息渠道必须足够宽广且充分畅通，以能及时、准确地获取工程本身的或是与承包商、与监理自身相关的信息。与此同时，作为建设方，也应当有直接与承包商连通的信息渠道，以之作为信息辅道，当然，它要有一定的单向性，即在建设方提出信息需求后，承包商能畅通无阻地向建设方提供相应的信息。但是在建设方未提出信息需求时，由承包商主动向建设方发送的信息应当受到足够的限制，以避免承包商借此离间它与监理的关系或借此形成假象以反制监理，也意在避免监理由此产生不良误解，从而削弱监管的主动性和责任心。当然，作为承包商正式汇报工程进展和自身管理、反映项目情况的定期报告制度，则无以上之顾虑，作为建设方，也应当充分用好这一方式，并将由承包商提交的这些报告与监理所反映的情况相互核对，并作必要询问和实际核实，由此而获得真实可靠的信息。

对那些在监理范围外或目前普遍属于监理业务边缘的那些方面，作为建设方，除了实际查看外，就只能以承包商的信息渠道为主了。但即便如此，也未尝不能充分发挥监理的作用，即以监理为重要的辅助渠道，以此核对、纠正从承包商那所得的信息，只要是监理所能知道的事项，就都可如此。

11.3.2 要开放，不要封闭

与兼听或偏信紧密关联的是开放或封闭，一个认识到兼听之重要且身体力行的组织领导者，更容易使自己的组织形成开放的文化。反之，一个惯于偏信的组织领导者除了他所倚重的单一或稀少的信息渠道外，对其他来源的信息就常充耳不闻乃至主动排斥，这必然就会形成封闭的组织文化。

在大型建设项目上，建设方的项目组织决定了项目文化是开放的还是封闭的，而这对于项目能否顺利实现既定目标至为重要。一个大型建设项目，如果它的项目文化是开放的，项目建设需要的各类信息，除涉及专利、市场竞争和因为监管的需要或利益的对立而需要保密的之外，其他的都应当畅通无阻地在项目各参建方那里充分地流动。与之相应的，则是无数正式或非正式的信息流或信息资源，它们既如雄山峻岭中的条条溪流，也如广袤原野中的江河湖泊，多而不乱，各参建方都能从中便捷地获取为做好项目所需的诸多信息。

正如言论、新闻的自由必将使社会达到一种一切都摊于阳光之下的良好境地，一个开放的项目文化将使各类信息毫无隐藏地呈现在各方面前，信息之间由此相互碰撞或相互印证，从而使真的更现其真，假的则因暴露其假而消亡，乃至因为这良好的环境而自行消失于萌芽之中，项目各参建方因此越发如实以告、坦诚相待。这反过来又使项目文化越发优秀，从而极大地促进了项目建设共赢局面的形成。封闭的项目文化却与之正相反，在这样的文化中，信息被狭窄地限制在有限的渠道内，拥有信息成为一种权力，信息给予也就畸形地成为上级对下级、建设方对其他参建方进行管制的手段，乃至连那些是后者为履行岗位职责或尽合同义务必然需要的信息，也被如此对待。与之相对的，是谣言和小道消息盛行，是窃窃私语和关门密谋，是相互的猜疑和提防，无论是在建设方项目组织内部还是在建设方与其他参建方之间，都是如此。项目的共赢局面由此难以形成，并面临着较大的失败风险。

11.3.3 权术和非正当私利导致封闭

一个组织，如果它的领导者并不是它本身的"产权所有人"，那么，这一组织的文化是开放的，还是封闭的，就和它的领导者的公私之分以及他是否惯弄权术紧密相关。在一个由各参建方组成的"大项目组织"之中，作为项目文化主导者的建设方项目组织，它自身的领导者是公私分明还是以私侵公，是光明正大、秉公用权还是惯弄权术、惯于阴谋诡计，同样决定了这个项目的文化是开放的，还是封闭的。

一个项目组织，如果它的最高管理者惯于玩弄权术，即惯于利用人性弱点使下属屈从，惯于以非正当私利诱使下属跟随、听命于他，他必然难以让真相暴露在光天化日之下，因为这将使他难以再通过操控、伪饰、编造信息来作为他玩弄权术的手段，这也将使他的目的因为其所作所为的暴露而无法达到。如果他在工作中还怀有谋取个人非正当私利的目的，那么，他就更会"守好"那些与利稍有关联的信息了，因为他还要从中捕获使他有机会谋取私利的信息。而一旦在其中发现了这些可以利用的信息，在谋划私利的同时，就更会严守这信息了，并对那些与个人非正当私利相关的其他诸多信息，也一并全力隐藏，因为唯此方能得逞，方能避免被发现、被追究。因此，一个项目组织的领导者越是惯于弄权、越是私心重，这个组织也就越封闭。当这是建设方的项目组织时，项目文化也就必然带有更强的封闭性，在这样的文化和充满机诈和勾当的项目环境下，项目自然就难获成功。

11.4 发挥沟通作用，建设好项目文化

在需要数年才能完成的大型建设项目上，作为项目主导者的建设方或是像PMC那样代建设方进行全面管理的一方❶，需要建立起适宜且良好的项目文化，以能为项目的成功提供最为稳固的基础，而项目文化的形成过程则与沟通有着紧密的关联。

每一个建设项目，都存在着一个将各参建方的项目组织囊括其中的"大项目组织"，项目文化则是这个"大项目组织"在解决外部适应和内部整合问题的过程中，以项目为核心、以项目共同利益为基础，由建设方及其他主要参建方共同形成的信念、核心价值观、道德规范和行为准则等。项目文化对大型建设项目的成功至关重要，同时，它对各参建方深化、丰富、改进、完善自身

---

❶ 因两者在这一议题中的作用和意义大致一样，因此，在以下论述中统一以建设方论之。

的组织文化，从而为自身的不断发展、壮大奠定一个稳固的基础也有着重要的作用和意义。在项目文化的培育和成长过程中，沟通在其中都扮演着至为重要的角色，因为项目文化的主体虽然是各个项目组织，但它最终都是通过一个个具体的人形成、维护和提升自身的，而这又必然靠的是以各种方式、各种形式、各种载体进行的沟通。良好、有效而持久的沟通，将使项目文化如愿地培育出来，并成长良好，反之，必然使项目文化难如人愿。

埃德加·沙因在他最经典的著作《组织文化与领导力》中，就组织领导如何创建和传播他们认为所需要的文化，提出了六种主要根植机制和六种次要形成、强化机制，组织文化的主要根植机制和次要形成、强化机制具体见表11-1。在这些机制中，少数是以纯粹的沟通方式即以文字、影像、口头、形体语言等方式直接发挥作用，大部分则是通过决定、行为或物质实体的方式发挥作用。其中的后一部分之所以能产生作用，也同样完全有赖于它们向组织成员发出的明确信息以及组织成员对这信息的感受、体会和理解。

表11-1 组织文化的主要根植机制和次要形成、强化机制

种类	序号	具体机制
主要根植机制	1	领导者定期注意、评估和控制什么
	2	领导者对关键事件和组织危机如何应对
	3	领导者如何分配资源
	4	有意地示范、教授和指导
	5	领导者如何分配奖励和职位
	6	领导者如何招聘、选拔、晋升和解雇员工
次要形成和强化机制	1	组织设计和结构
	2	组织仪式和典礼
	3	组织制度和程序
	4	物理空间、外观和建筑物的设计
	5	重要事件和重要人物的故事
	6	组织哲学、信条和章程的正式说明

在就这十二种机制从沟通角度论述之前，我们先看一下项目文化与一般的组织文化之间的不同。首先，因项目的时间约束和临时性，项目文化也具有了时间上的局限性和临时性。其次，一般组织文化的主体是这一组织本身，项目文化的主体则是由各参建方构成的"松散联盟"，它们因合同不同而各有分工。建设方虽然在其中则起着主导作用，但它与其他任何一方之间都不存在着上下级关系。最后，一般的组织文化，其下的个体是个人，而项目文化下的个体则首先是各参建方的项目组织，其后才是各项目组织内的个人。当然，项目文化的建设仍然依赖于个人，并且主要依赖于各项目组织的负责人。因为有了以上的不同，针对项目文化的培育和完善，在组织文化的六种主要根植机制和六种次要根植机制中，其中一些在具体内容、外在形式以及影响大小上必然与一般组织文化中的大不相同。

第一种主要根植机制是领导者定期注意、评估和控制什么。作为建设方，要通过持续的关注、监督和控制，向其他各参建方明确显示自己更在意什么即使其中的一些与合同的目标要求并无直接关系，但它仍可以以此方式表明它希望这些事情向什么方向发展、达到什么状态，由此引导其他参建方对它们给予足够的重视，并因势而为，以获得建设方即顾客的信任和好感。

第二种主要根植机制是领导者对关键事件和组织危机如何应对。在建设项目上，领导者也就是建设方，它在项目遇到关键事件或项目面临危机时展现出的信念、价值观等不但与它所倡导的项目文化一致，同时使其他参建方受益良多，也使它们避免了重大损失。那么，其对项目文化的根植作用必然显著。反之，如果其他参建方反因此遭受了不应受的损失且损失不少，就必然极大地有损于良好项目文化的建立。其实，"同舟共济""团结一致"是建设方所要培育的项目文化内容之一。当这关键事件或这危机不仅关系到建设方自身的重大利益，也关系到其他参建方重大利益的时候，作为项目建设的主导者乃至核心力量的建设方，如果在维护或保护自己利益的同时，也保护了其他参建方的利益，那么，它也就是在以醒目的方式践行这一价值观。这样的话，就必然会被其他参建方铭记，从而会对项目文化的培育产生显著的促进作用。

第三种主要根植机制是领导者如何分配资源。在项目文化的建设上，它或许是建设方最难取得成效的机制，因为在建设项目上，包括建设方在内的各参建方,都是以合同为据履行自身义务的,各自为此必须配备足够的资源,而是否给其他方提供自己的资源,也是以合同为依据的。建设方分配自有资源也是直接以利于项目推进和项目目标实现为根本,因此,这一机制对项目文化的形成作用甚是有限。

第四种主要根植机制是有意地示范、教授和指导,是单纯的沟通行为。在建设项目上,基于各参建方因利而生的合同关系以及相互的平等地位,建设方不能像教育内部人员那样教育其他参建方,它也不应奢望其他参建方平白无故地在这些精神层面上,跟从它的示范,听从它的教授和指导。因此,虽然有氛围的渗透作用,但它的效果必定没有那种行动和宣导相伴产生出的作用来得显著。

第五种主要根植机制是领导者如何分配奖励和职位。就建设方来说,它自然无权给予其他参建方人员任何职位,但奖励则是它最为可用的根植机制。同时,建设方也可一并采用与"奖"对应的"罚"的手段。奖是正向激励,是在前的引导,罚则是反面的警示,是在后的迫使。当然,罚要有合同依据,奖及罚也都应当有相应的规定,而在规定之外,应因特殊且突显的事件对人员或参建方予以特别奖励,其在培育、宣扬项目文化上也具有独特效果。这种根植机制于沟通上,就是对所奖、所罚,或是在项目所有参建方中通报,或是以宣传栏方式示之于大庭广众之下,或是举办定期的、专题的讲评会、总结会、表彰会,从而将相应的信念、核心价值观等渗透到各项目组织的主要成员心中。这类以文化作用为目的的奖罚,额度未必高,但标向性明显,它通过以上那些沟通手段形成了一种应有的氛围,使那些与项目文化高度契合的组织、个人和行为受到鼓励和尊重,而与项目文化相背离的组织、个人和行为受到冷待、轻视乃至鄙视,由此使它们调整自身,以融入其中。

第六种主要根植机制是领导者如何招聘、选拔、晋升和解雇员工,是建设方作适应性改造后最能有效应用的根植机制。当然,"如何招聘、选拔、晋升和解雇员工"在此变成了建设方如何选定供方,或是如何在既有供方中选定某一方承接新的且足够诱人的工程任务或供应任务。选定供方,应当将对方的组织文化与自身所要形成的项目文化的契合度作为重要考量因素。如果受限于内外条件而难以选得具有高契合度的供方,那么,至少也要保证两者间不存在严重的文化冲突。并且建设方也要能以此向所有潜在的和既有的供方发出明确信号,它所选定的或所愿意用的是具有哪些特质的供方,由此形成较为强烈的引导作用。在既有供方中选定某一方承接同个项目中的其他工程任务或供应任务,也与之类似。

就六种次要形成和强化机制来说,它们在项目文化的创建和传播过程中所起作用的大小取决于它们与合同关系、与各方的工作往来和合作配合、与其他参建方利益的关联程度。

第一种次要的成形和强化机制是组织设计和结构,它们在建设项目上体现为建设方的项目管理模式以及由建设方设计的、以各参建方为成员的"大项目组织"结构,它们自然对项目文化的成形和强化具有巨大的作用和影响。

第二种次要的成形和强化机制是组织仪式和典礼,它被埃德加·沙因称作是组织文化中最难解读的部分。难解读,就难体会,虽然在一个真正组织的内部,它是一种具有重要象征意义的组织活动,但也仅限于此,而在项目上,对于由各参建方构成的"大项目组织"来说,因为它与其他方的利益关联小、直接而显著地体现出建设方实有的价值观念、行为准则、信念的信息也不多,因此,它对项目文化的作用就甚是轻缓了。

第三种次要的成形和强化机制是组织制度和程序,在建设项目上,它是建设方在项目上发布的各项规定。其中的那些其他参建方也需要遵守、执行的规定,因为与它们的项目管理、与它们的各自利益紧密相关而对项目文化的形成和成长具有较大的作用和影响,当然,这类规定中的主要内容是要事先放入合同中的。其实,作为项目文化主要根植机制的奖惩和供方的选定、任务的委托,也多是要依照项目规定来做的。从这个角度看,项目规定也莫不可归入到主要的文化根植机制之中,它们通过各方的贯彻、执行使其中体现出的原则、准则、理念、意识等被各参建方领会,并由执行的硬性作用和氛围的柔性力量将其逐渐内化,直至转化为项目文化因素。

第四种次要的成形和强化机制是物理空间、外观和建筑物的设计。就建设项目来说,在这六种机制中,它应当是作用最为微弱的。因项目的临时性,无论是承包商、监理还是建设方,其办公场所必定都是要因地制宜的,它们或是利用现有的建筑物,或是使用专为此提早建成的、作为项目本身一部分的建筑物，而这些所体现出的常不是项目组织的意志或审美趣味。即使是由建设方统一规划、建设、提供的或是由建设方提出统一要求的、属临设性质的办公建筑，也难以体现出太多的项目文化因素。

第五种次要的成形和强化机制是重要事件和重要人物的故事。在建设项目上，其对项目文化作用的大小取决于这些事件或故事与其他参建方利益的相关程度。这与此前所说的建设方对关键事件和危机的应对一样，但与之相比，其作用较弱，现今随着个人独立意识的增强，对他人盲从、崇拜或非理性敬仰的人越来越少，这种常会将重要人物美化的故事对人们的吸引力也就越来越弱。

第六种次要的成形和强化机制是组织哲学、信条和章程的正式说明。即使在一个组织内部，正如埃德加·沙因所言，其"只能强调运营组织的很少一部分假设，很有可能，只能强调领导者的哲学或领导与公众衔接的那部分意识形态"，即与社会道德相吻合而可以广为宣扬的那部分内容。而大部分的其他内容，却难以或不宜提炼成可广而告之的组织哲学、信条等，更不用说是在一个由各参建方构成的松散联盟中了。

无论是主要的根植机制还是次要的成形和强化机制，它们对于项目文化产生作用的方式都莫不是通过书面语言、口头语言或肢体语言，通过行为、行动或决定，通过物质实体等向各参建方项目人员，尤其是各项目组织主要负责人不断发出明确的信息，逐渐使他们或是产生出新的或是改变原有的或是强化原有的认识、意识、理念、观念，直至价值观和信念，从而与建设方所要建立起来的项目文化相一致，最终孕育出各参建方共有的项目文化。与任何有成效的沟通一样，为能有效地培育出自己所期望的项目文化，建设方必须正确地发送信息，并使接收方能准确地接收信息，从而使这信息能妥当地在接收方内心中产生作用。也正因此，建设方发出的信息中所含文化因素的一致性、明确性以及所用方式的适宜性是项目文化能否有效形成的关键因素。

（1）信息中文化因素的一致性

几支作用方向相背的力量，无论它们单独的力量如何巨大，最终形成的合力也会很弱，更勿论是通过人的变化而形成的文化了。为了创建项目文化，必然要有外在的强制措施，但它也必须持续一贯、方向一致，而对那些非强制性的措施来说，就更要如此了。这种一致性，首要的是建设方制订的项目规定、作出的项目决定、提出的项目要求以及其项目领导层自身的言行要始终如一地与项目文化要求相符，而这些规定、决定、各类要求相互也要具有统一性和衔接性，建设方由此才能在时间的纵向上、在组织内不同位置的横向上发出一致信息，从而在一个方向上持久地作用着其他参建方项目组织。

（2）信息中文化因素的明确性

无论是哪类组织，也无论它采用哪些机制来创建、传播文化，它为此对外发出的信息都要清楚明了，即要具有明确性，如果无损于必要的准确性，也应当是一目了然的，就如特朗普在总统竞选时喊出的"用美国人、买美国货"一般，唯此方能使受众看得清楚，听得明白，从而使其中的文化因子得以彰显。对于建设项目来说，因为其在文化培育上具有的"强制内化与循序渐进结合"的特点，就更是如此了。

在提高信息明确性的同时，我们也要注意避免将事情简单化、片面化，否则，这些信息就会像口号一般，其表达出的意思异常明确，但却剥去了适用的场合、条件和因地因时而异的灵活性，从而易被机械、教条地理解。作为存在于复杂的社会环境、市场环境中的组织文化，自然就更容易如此了，作为"准组织文化"的项目文化亦是如此。这就要求建设方在创建和传播项目文化的过程中，在对所传达的信息予以明确化的同时，还要使它们具有一定的准确性。为此，作为项目文化的耕耘者，要具备用明确、简练的语言表达复杂事情并使受众能正确领会的能力。其实，构成各种文化最核心的一些信念已在历史的长河中被先人总结、凝练，并用最简洁的语言表达出来，对此，我们要善加利用。

（3）所用方式的适宜性

在此的"方式"既是指信息的发送方式，也是指以上那些在项目上可以有效应用的根植机制和形成、强化机制。这方式选定的适宜与否，以是否能对受众产生出与自己期望方向一致的最大作用和影响为准，它因项目文化因素的不同以及时间、情境、内外环境等的不同而不同，为此，需要建设方项目组织的领导层能够灵活而精准地把握之，就如同"运用之妙，存乎一心"所说的那样，唯此，方能形成我们所期望的项目文化。

后记

当我将这本书最后一遍修改完后,自己不禁长出了一口气:终于写完了!

基于自己二十余年对建设项目的认识和感悟,也基于自己在管理上的知识和经验,自己在上一本书将完成之际,就想到应当写一本关于建设项目全过程管理与项目沟通相关的书了。

为写这本书,我自2016年下半年就开始收集、整理素材,与此同时,着手查询、阅读在沟通和项目管理方面的最新理论著作和学术论文,以能更深入、更细致地了解当今这两方面在理论和实践上的最新进展。在此期间,发现以项目沟通为主要内容的书籍仍是甚少,而以建设项目沟通为主要内容或以之为视角来讲项目管理的书籍几乎没有。对自己查到的几本这类书,在认真读了之后,感到其内容多是拼凑和堆砌的,而其观点大多也是随意和空泛的,更增加了写好本书的决心。又因为自己深切感受和认识到沟通的成效对项目能否成功、项目目标能否顺利实现具有重要作用,同时,为数众多的建设项目管理者们也与我有着同样的感受和认识,我对这本书的实用性也就更有信心了。在收集、整理素材和阅读、了解的过程中,我也同步梳理了既有观点,并对它们进行深度思考和进一步审视,进而或是修正、完善它们,或是将它们摒弃,同时,也有了不少新认识,形成了不少新观点。其后,就开始了费时最长的写作过程,在此过程中,我也将新的认识和观点融于工作中,以让它们接受实践的检验。

一个远渡重洋的人,在船驶出海港的时候,总是满怀激情,但过后不久,这激情就会被无边无际的大海淹没。我写本书也与这有些类似,在将自己所有关于这一主题的所思所感诉诸纸上后,自己就犹如茫茫大海中的一叶扁舟,不知何时才能到达陆地,甚至不敢细想最后能不能到岸,每天只是奋力而机械地向着一个方向一桨一桨地划。当然,这"机械"指的是同一个"动作"

无数次的重复，而不是指不思考，相反，思考正是这一阶段中的主要"动作"，这一方面是对内容的思考。另一方面是对表述的思考，我为此殚精竭虑，以使内容更正确、更确切、更深入、更全面，以使表述更精确、更简洁明了、更通俗易懂。

现在，呈现给大家的这本书，我不敢保证其中的所有观点都是正确和适宜的，但有一点我是完全可以保证的，即本书中所有论述的内容都是自己的切身体会、切实思考所得，并且都经过了自己的反复推敲。同时，能用一句话表述的就不加一句多余的话，对初稿中与主旨无关或关联不紧密的内容，我则将它们尽数删除，个人觉得，这才是对读者应有的负责态度，自然，在删除之后，自己也感觉清爽了不少。当然，因为作者本人知识、经验和认识的局限，本书必然会有不足之处，书中的有些观点也难免片面或不恰当，因此，真心欢迎各位读者向本人提出。本人邮箱：mengqingbiao2020@126.com。

参考文献

[1] 全国人民代表大会常务委员会.中华人民共和国招投标法.

[2] 中华人民共和国国务院.中华人民共和国招标投标法实施条例.

[3] 中华人民共和国国家发展计划委员会等七部委.工程建设项目施工招标投标办法(七部委30号令).

[4] 全国人民代表大会常务委员会.中华人民共和国建筑法(2014年修正).

[5] 国际咨询工程师联合会.设计—建造与交钥匙工程合同条件应用指南.张水波等译.北京:中国建筑工业出版社,1999.

[6] 中华人民共和国建设部,中华人民共和国质量监督检验检疫总局.建设项目工程总承包管理规范(GB/T 50358—2017).

[7] 住房和城乡建设部,国家工商行政管理总局.建设工程施工合同(示范文本)(GF-2013-0201).

[8] 〔美〕哈罗德·科兹纳.项目管理计划、进度和控制的系统方法.杨爱华,等译.北京:电子工业出版社,2002.

[9] 〔美〕约翰·D·洛克菲勒.留给儿子的38封信.严硕,译.北京:中国妇女出版社,2004.

[10] 〔美〕特伦斯·迪尔,艾琳·肯尼迪.企业文化 企业生活中的礼仪与仪式.李原,等译.北京:中国人民大学出版社,2008.

[11] 〔美〕特伦斯·迪尔,艾琳·肯尼迪.新企业文化 重获工作场所的活力.孙健敏,等译.北京:中国人民大学出版社,2009.

[12] 〔英〕芭芭拉·A·布贾克·科尔韦特.谈判与冲突管理.刘昕,译.北京:中国人民大学出版社,2009.

[13] 〔美〕埃德加·沙因.组织文化与领导力.马红宇,王斌,译.北京:中国人民大学出版社,2011.

[14] 张维迎.博弈与社会.北京:北京大学出版社,2013.

[15] 〔美〕阿维纳什·K·迪克西特,巴里·T·奈尔伯夫.策略思维 商界、政界及日常生活中的策略竞争.王尔山,译.北京:中国人民大学出版社,2013.

[16] 〔美〕史蒂夫·J·布拉姆斯，艾伦·D·泰勒. 双赢之道. 王雪佳，译. 北京：中国人民大学出版社，2013.

[17] 〔美〕Project Management Institute. 项目管理知识体系指南（PMBOK指南）. 北京：电子工业出版社，2018.

[18] 〔美〕威廉·J·瑟勒，玛丽莎L·贝尔，约瑟夫P·梅泽. 沟通力. 丁郡瑜，等译. 北京：机械工业出版社，2014.

[19] 〔澳〕詹姆斯·S·奥罗克. 沟通管理 以案例分析为视角. 康青，译. 北京：中国人民大学出版社，2015.

[20] 〔美〕阿什利·万斯. 硅谷钢铁侠 埃隆·马斯克的冒险人生. 周恒星，译. 北京：中信出版集团股份有限公司，2016.

[21] 〔英〕金融时报中文网官方新浪微博，2015—2017.